JN070238

多文化共生社会のキーパーソン

バイリンガル相談員によるコミュニケーション支援

徳井厚子 著
Atsuko Tokui

ココ出版

【目次】

第1章　はじめに

1-1　本書の目的

出入国在留管理庁のホームページによれば、2022年末における在留外国人の数は307万5,213人となっています。また、中長期在留者数は278万6,233人、特別永住者数は28万8,980人となっています。2020年から続く新型コロナウィルス感染症の流行等により今後の変化が予想されますが、国内において「生活者」として生活している外国人の数は多いということがいえます。

「日本語指導が必要な外国籍の児童生徒」の数について、文部科学省の報告「日本語指導が必要な児童生徒の受入状況等に関する調査（令和3年度）の結果について」によれば（全国の公立小学校、中学校、高等学校、義務教育学校、中等教育学校及び特別支援学校を対象）、2021年度は4万7,619人となっています。また、「日本語指導が必要な日本国籍の児童生徒」の数は、2021年度は1万688人となっています。

国内では外国人労働者の受け入れ拡大に向け、「出入国管理及び難民認定法及び法務省設置の一部を改正する法律」が2018年12月14日に公布され、2019年4月1日に施行されました。また、日本語教育に関しては、「日本語教育の推進に関する法律」が2019年6月に成立しました。

総務省（2006）は、「多文化共生」について「国籍や民族の異なる人々が互いの文化的ちがいを認め合い対等な関係を築こうとしながら、地域社会の構成員として共に生きていくこと」としています。外国人が地域社会の一員として地域で安心して生きていくためには、外国籍住民の母語や日本語など複数の言語を駆使しながら日々のさまざまな相談に対応する「バイリンガル相談員」の存在は欠かせないといえるでしょう。

「外国人材の受入れ・共生のための総合的対応策」（令和元年度改訂）に

おける「生活者としての外国人に対する支援」には、「外国人が在留手続、雇用、医療、福祉、出産、子育て、子供の教育等の生活に関わる様々な事柄について疑問や悩みを抱いた場合に、適切な情報や相談場所に迅速に到達することができるよう、地方公共団体が情報提供及び相談を行う一元的な窓口を整備するための支援を開始し、対象を全地方公共団体に拡大した」と記されています（出入国在留管理庁ホームページ）。

2020年7月には東京・四谷に外国人在留支援センターが開設されるなど、在留外国人がさまざまな相談をする機関は整いつつあります。また、「外国人材の受入れ・共生のための総合的対応策」（令和2年度改訂）では、「生活者としての外国人に対する支援」の項目に、地方公共団体の行政窓口に対する通訳支援の実施や、地方公共団体向けの多言語翻訳システムの導入ガイドラインの策定、新型コロナウィルス感染症の感染拡大防止のための外国人生活支援ポータルサイト等の周知・徹底等が記されています。

日本に生活する外国人の相談の制度はこのように整いつつあります。しかし、外国人に対応する相談員がどのようにコミュニケーションを行い支援しているのか、どのような役割を果たしているのかという実態やどのような資質・能力が必要なのか、どのような研修が必要かといった実際の現場にもとづいた研究や研修の開発は、まだ緒についたばかりといえます。こうした面についても今後研究や研修の開発を進めていく必要があるでしょう。

外国人に対して相談を行っている人たちの中でも、特に本人自身が外国にルーツを持ち、母語や日本語など複数の言語を駆使しながら外国人への相談や通訳に携わっている人たちは、日本人にはなし得ないさまざまな役割を果たしていることが考えられます。しかし、彼／彼女たちにはこれまであまり光があてられてきませんでした。本書では、こうした外国にルーツを持ち複数の言語を駆使しながら外国人の相談や通訳に携わっている人たちのことを「バイリンガル相談員」と呼び、「バイリンガル相談員」がどのようにコミュニケーションを行いながら支援を行っているのか、その実態をインタビューから明らかにするとともに、研修案を考えていきたいと思います。

これまでバイリンガル相談員は、地域で生活している外国人にとって重要な役割を果たしているにもかかわらず、どのように支援を行っているのか等、その実態はあまり明らかにはされてきませんでした。しかし、外国人が増加しつつある現在、彼・彼女たちの役割はますます重要になってくると考えられます。その意味でも、バイリンガル相談員のコミュニケーションの実態や必要な資質・能力を明らかにし、研修のための方法を考えていくことは重要であると考えます。

本書では、バイリンガル相談員が具体的にどのようにコミュニケーションを行っているのかについて、バイリンガル相談員と日本人コーワーカー（バイリンガル相談員と共に仕事をしている日本人）へのインタビュー結果をもとに、「コミュニケーション」の領域から考察を行っていきたいと思います。本書には、できるだけ多くの図を入れ、内容が視覚的にわかりやすくなるようにしました。

本書で扱うテーマは以下の通りです。また本書の最後には、インタビューを掲載しています。

1　外国籍住民が生活していて問題と感じていることは何か
2　バイリンガル相談員は、どのようにコミュニケーションを行いながら支援しているのか
3　バイリンガル相談員は、文化間の橋渡し役として、どのような役割を果たしているのか
4　バイリンガル相談員は、関係構築の要として、どのような役割を果たしているのか
5　バイリンガル相談員は、どのように「位置づけ」をしながら支援をしているのか
6　バイリンガル相談員に必要な資質・能力とは何か
7　バイリンガル相談員には、どのような研修が必要か

本書の構成は次の図1-1のようになります。

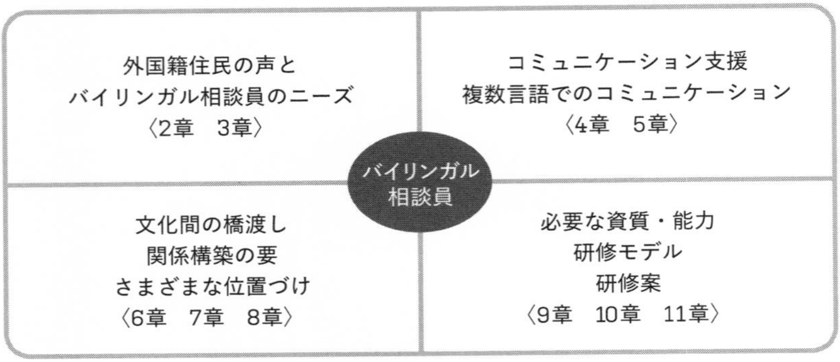

外国籍住民の声と
バイリンガル相談員のニーズ
〈2章　3章〉

コミュニケーション支援
複数言語でのコミュニケーション
〈4章　5章〉

バイリンガル
相談員

文化間の橋渡し
関係構築の要
さまざまな位置づけ
〈6章　7章　8章〉

必要な資質・能力
研修モデル
研修案
〈9章　10章　11章〉

図1-1　本書の構成

1-2　本書で扱うバイリンガル相談員について

本書では、前節でも述べたように「外国にルーツを持ち複数の言語を駆使しながら外国人の相談や通訳に携わっている人たち」のことを「バイリンガル相談員」と呼ぶことにします。外国人からの相談を受けている人たちの中には、日本人もいます。しかし本書では、外国にルーツを持つ相談員に焦点をあて、「バイリンガル相談員」という呼び方で論じていくことにします。

では、具体的にバイリンガル相談員はどのような支援を行っているのでしょうか。ここでは、先行研究をもとに、まず、「言語サービス」の定義、そして本書で扱う「バイリンガル相談員」の仕事の内容について述べていきたいと思います。

河原（2004）は、「言語サービス」の第一の定義として、「外国人が理解できる言語を用いて、必要とされる情報を伝達すること」と述べています。そして、具体的に「相談窓口」の充実を挙げ、「外国人に利用しやすい時間帯に、利用しやすい場所に、その問題をよく知った相談員がいることが望まれる。その相談員は、外国語に堪能であるだけでなく、日本語を、外国人にもわかりやすく話せる能力が必要である」としています。また、河原は、「言語サービス」の第二の定義として、「在住外国人の母語によるアイデンティティを守り、その文化の発達を支援すると同時に、日本人との共生社会をつくっていくための言語政策のひとつである」としています。本書で扱うバイリンガル相談員は「言語サービス」に携わっている人たちも含みます。そして、その場合は、河原の述べる第一の定義だけではなく第二の定義にもあてはまる支援を行っていると考えます。

次に、本書で扱う「バイリンガル相談員」の仕事の内容について述べていきたいと思います。本書で扱う「バイリンガル相談員」の仕事の内容は、これまで「コミュニティ通訳者」と呼ばれてきた人たちの仕事の内容との重なりが大きいため、ここではこれまで先行研究に挙げられた「コミュニティ通訳者」の仕事について書かれたものを参考に考えたいと思います。

水野（2008）は、「コミュニティ通訳者」について、以下のように述べています。

> 内なる国際化の進展とともに、日本に暮らす外国人の数が大きく増加してきました。それに伴い、司法、医療、教育、その他生活に関わる様々な場面で「言葉の壁」の問題が浮上してきました。このような場面で言葉の橋渡しをする人たちを「コミュニティ通訳者」といいます。　　（水野2008、「はじめに」より）

水野は、このようにコミュニティ通訳者について述べています。水野は、コミュニティ通訳は会議通訳やビジネス通訳とは異なり、範囲が非常に広く多岐にわたっているとしています。

また、杉澤（2013）は、コミュニティ通訳を「言語的マイノリティを通訳・翻訳で支援することによってホスト社会につなげる橋渡し役」としています。そして、コミュニティ通訳の範囲を、「相談通訳」、「行政通訳」、「教育通訳」、そして警察通訳と法廷通訳を除いた「司法通訳」、命に関わるような医療行為および高度な医療知識が求められる通訳を除いた「医療通訳」の五つの領域に整理でき、図1-2「コミュニティ通訳の専門領域」の太枠内の色のついている部分としています。

杉澤（2013）の述べるように、司法通訳のうちの「警察通訳」や「法

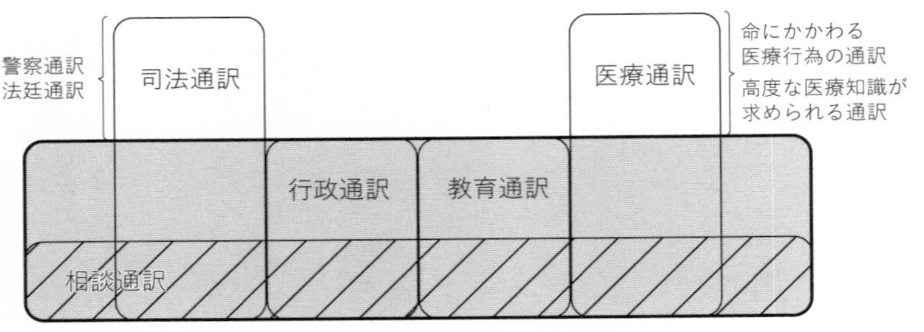

図1-2　コミュニティ通訳の専門領域（杉澤 2013: 24）

廷通訳」、また「高度な医療通訳」は特別なトレーニングを受けた人でなければつとまらないため、コミュニティ通訳の場合これらを除くことに筆者も賛成です。本書で扱う「バイリンガル相談員」の扱う仕事の範囲（専門領域）として、杉澤（2013）の定義するコミュニティ通訳の範囲に限定したいと思います。

ただし、「コミュニティ通訳」には、日本語母語話者で外国人の相談に携わっている人も含まれますが、「バイリンガル相談員」の場合は、外国にルーツを持っている人で外国人の相談に携わっている人に限定しています。

杉澤（2013）の定義するコミュニティ通訳の専門領域にもとづき、本書で扱うバイリンガル相談員の相談内容の範囲は、以下とします。

生活全般の相談窓口	
	税金、役所の手続き、結婚、離婚、親権、DV、労働、生活保護、交通事故など生活全般の相談窓口
教育	学校などでの通訳
医療通訳	高度で専門的な内容を含む医療通訳を省く
司法通訳	警察通訳、法廷通訳を除く

本書で扱うバイリンガル相談員は、地方自治体や国際交流団体等の職員で外国人相談窓口で対応している人や労働関係で外国人に支援している人、学校等で日本語指導が必要な外国籍児童生徒（日本国籍で日本語指

導が必要な児童生徒も含む）に対応している人等を含みます。

また、本書は前述した通り、「コミュニケーション」の領域に限定して、聞き取りをもとにバイリンガル相談員について考察を行うものです。コミュニティ通訳や本書で扱うバイリンガル相談員の仕事内容については、これまで水野（2008）、水野・内藤（2015）、杉澤他（2015）、コミュニティ通訳研究会（2013）ほか、さまざまな研究や報告がなされています。

1-3　本書におけるインタビューについて

本書におけるインタビューは、日本国内の複数の地域（複数の都道府県）において、バイリンガル相談員（外国にルーツを持ち、複数の言語を駆使しながら外国人の相談や通訳に携わっている人）および日本人コーワーカー（バイリンガル相談員とともに働いている日本人）に対して行ったものです。

今回本書で対象とするインタビューは2011年5月に開始し、2021年10月までに行ったものです。インタビューは半構造化の方法で行い、支援の方法はどのような内容か、支援のコミュニケーションをどのように行っているのか、仕事に対する思い、問題とその解決、悩み、周囲との関係、どのような力が必要か等について自由に語ってもらう方法を取りました。インタビューは一人約30分から1時間半ほどかけて一人ずつを対象に行いました。インタビューを行うにあたり、研究成果の公表にあたっては本名を公表しないこと、本人であることを推測できる情報は記載しないこと、本人の話したくないことを聞かれた場合には話すことを拒否する権利を持つことを条件に、事前にインタビュイーから許可を得ています。本書で報告するインタビューの対象者は22名のバイリンガル相談員および7名の日本人コーワーカーです。このうち複数のバイリンガル相談員および日本人コーワーカーに対しては複数回のインタビューを行っています。

インタビューの対象者は地域の国際交流団体や行政機関、労働関係の機関などで外国人の相談に携わっているバイリンガル相談員および日本人コーワーカー、地域や学校での外国籍児童生徒の支援、医療機関での医療通訳等の支援を行っているバイリンガル相談員および日本人コーワーカーです。バイリンガル相談員の国籍は、ブラジル、韓国、中国、ペルー、タイ、フィリピンですが、この他に元は外国籍で日本国籍を取得した人も含まれています。本書では相談員のプライバシー保護のため、個々の語りの部分には名前の他、国籍や居住地域を示さない形で記載しています。

なお、12章では、春原直美さん（元長野県多文化共生相談センター センター長）、横谷マリアさん（バイリンガル相談員）へのインタビューを掲載しています。

第2章　外国籍住民の声

日本で生活をしている外国籍住民は、どのような問題を抱え、どのような支援を望んでいるのでしょうか。

ある外国籍住民の声です。

日本に住んで1年です。日本で暮らすのに、言葉があまりわからないので困っています。ごみの出し方のルール、市役所での手続き、病院に行く時など。日本語でわからない言葉や漢字が読めなくて意味がわからない。

もし言葉が不自由な国で生活することになったらどんな悩みが出てくるでしょうか。第2章では、筆者の行ったインタビュー、旧東京都国際交流委員会の報告書および地域で行われた外国籍住民の意見交換会での声から、「問題を抱えてしまう外国籍住民」、「地域の外国籍住民意見交換会で挙げられた声」、「外国人の困りごと」について考えていきたいと思います。

2-1　問題を抱えてしまう外国籍住民――インタビューから

現在、日本だけではなく、「外国人」として暮らしている外国籍住民の人たちの中には、生活上さまざまな悩みを抱えている人もみられます。では、彼／彼女たちはどういった悩みを抱えているのでしょうか。ここでは、筆者がバイリンガル相談員に対して行ったインタビューをもとに考えたいと思います。

1 「ケイヤク」ってどんな意味？——言葉の意味の難しさ

バイリンガル相談員であるAさんは、労働に関する相談の中で言葉の問題について次のように語っています。

> 日本人だったら自分で伝えられるけれど、（外国人相談者は）問題を抱えながらも日本語もできない。日本語がちょっとわかっても、カイコ、ケイヤク等の言葉がわからない。（外国人相談者は）自分の気持ちが伝えられない。

Aさんは、外国人相談者が、日本語の意味がわからないために、問題を抱え込んだままになっていると述べています。日本語が少しわかっても、例えば労働の場面で使われる「解雇」や「契約」といったキーワードの用語がわからないため理解ができず、問題が解決できない状況なのです。職場では、さまざまな用語が用いられていますが、これらは日常会話とは異なり、漢字を用いたり意味が難しいなど、習得が困難なものが多いといえます。キーワードの意味が理解できないと相手の言っていること全体の意味が理解できなくなってしまいます。例えば「来月からカイコです」といわれても「来月から」の部分しか意味がわからないと全体の意味がほとんどわからない状況になってしまうでしょう。

また、Aさんは「（外国人相談者は、日本語ができないと）自分の気持ちを伝えられない」と述べています。母語でない言葉で自分の気持ちの部分を伝えるというのは、単に事実を伝えるのに比べ、難しいといえます。喜怒哀楽を相手に伝わりやすいように母語でない言葉で伝えるためには、感情の伝え方の微妙な言い回しや表現が必要な場合があります。外国人相談者が職場でこのような微妙な言い回しを使って相手に感情表現が伝えられない場合、相手に言いたいことを伝えられず、ストレスがたまってしまうでしょう。

2 不安な時は日本語が聞こえなくなる——心理状態と日本語力

Aさんは、外国人相談者が不安な心理状態の時は、ふだんは聞き取れていた日本語が聞き取れなくなると述べています。

> （解雇されて）嫌な気持ちになる。そのような時は、（相談者は）日本語がふだんできても、日本語が聞こえなくなってしまう。

外国語を話す時、あるいは聞く時、例えば教室内の言語学習の場のような「安定した」心理状況の時には、話したり聞いたりすることはそれほど問題なくできる場合が多いでしょう。しかし、ショックな出来事が起きた時など不安な心理状態の時に外国語で聞いたり話したりする場合、相手の言っていることが耳に入ってもとっさに理解できなかったり、ふだんは知っている単語が出てこなかったりする場合があるのではないでしょうか。また、このような時には相手も早口でまくし立てたりして聞き取れない場合もあると思います。Aさんの語りは、そのような不安定な状況の時に外国語として日本語を聞き取ることが難しいことを示唆しています。また、この例にある解雇の場合だけでなく、災害や病気などの場合にもあてはまると思います。

3　解雇は自分の能力不足のせい？——解雇の原因を自己に起因

Aさんは、解雇の際の外国人当事者の捉え方に次のような例がみられると述べています。

> 外国人労働者の場合、派遣会社で働いている場合が多い。解雇の場合、解雇をするのは派遣先の工場Xではなく、派遣元なので、派遣元は派遣先の工場Xではなく、別の工場Yを紹介できる。しかし、相談者は派遣先の工場Xをクビになってしまったと思う。自分に能力がないと思い込んでしまう。解雇されると自分が悪かったと思ってしまう。

Aさんの語りは、外国人相談者の中には、「解雇される原因は自分自身の能力の低さ」と思い込んでしまう人がいることを示しています。また、そのような思い込みは、外国人相談者が組織のシステムを知らないことが原因だと述べています。異文化で働く場合、その社会制度や所属する組織のシステムなどについての知識がないと、例えば解雇などのト

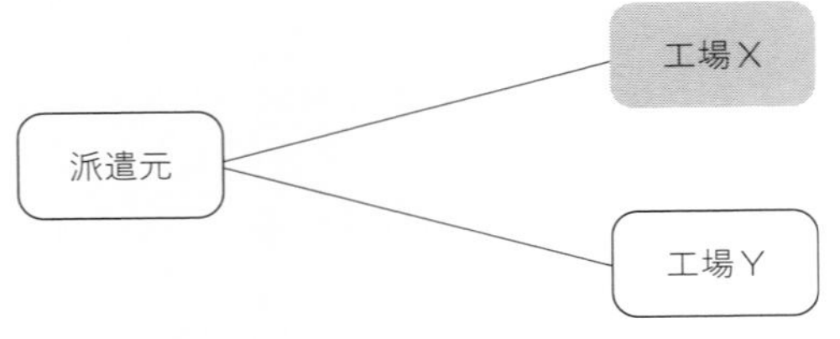

図2-1　派遣元と工場

ラブルが起きた時に、どう対応すればよいかわからずに困ってしまうことがあるのは容易に想像できます。また、異文化で働いていて何か問題が起きた場合、制度や組織システムの中で解決できる問題であっても、そのことに気づかず、目の前の自分自身の所属している組織と自分との関係だけでその問題を捉えてしまったり、自分自身に問題の原因を帰属させてしまう傾向にあるのではないかといえます。ここでは解雇の例を挙げましたが、この例だけではなく、外国に住んでいると、さまざまな問題が生じた時に、その問題の原因を自己に起因させて、悩みを抱え込んでしまうケースは多いのではないでしょうか。

4　外国人の自分は弱い立場？——裁判で負けてしまう原因

バイリンガル相談員であるBさんは、家庭裁判所に関するやりとりの相談について次のように述べています。

> 相手（外国人相談者）は自分のことが不安。家庭裁判所で、外国人の妻として自分が弱いと思ってしまう。みんな自分のせいだと思ってしまう。コントロールできなくて、裁判で負けてしまう。わからないまま裁判をやめてしまうとアンフェアだと思ってしまう。自分は外国人だからということになってしまう。

Bさんは、外国人相談者が、自分自身の立場が「外国人」であることが原因で裁判で弱い立場になっていると思い込んでしまっている、ということについて述べています。「外国人の妻」イコール「弱い立場」と思い込んでしまうことで、自分がコントロールできなくなり、裁判に負けてしまうというのです。そして状況がわからないまま裁判をやめてしまうと自分が不利益を被ったと思ってしまい、その原因を「外国人である」ことに起因させているというのです。ここでの外国人相談者は、「外国人」であることに問題の原因を起因させているといえます。問題の原因を自己に帰属させてしまうことで負のスパイラルに陥ってしまっています。

5　外国人相談者の悩みのスパイラル

2-1では「問題を抱えてしまう外国籍住民」についてのバイリンガル相談員の語りについて述べました。では、「問題を抱えている」「外国籍住民」自身は具体的にどのような状況なのでしょうか。この状況をモデルにしたのが以下の図2-2です。

図をみてください。これは問題の原因を自己に帰属させてしまうことにより、負のスパイラルができてしまうというモデルです。

問題が起きた時、言語力や制度などの知識が不足しているために理解ができず、解決できないために不安になってしまいます。そして、問題

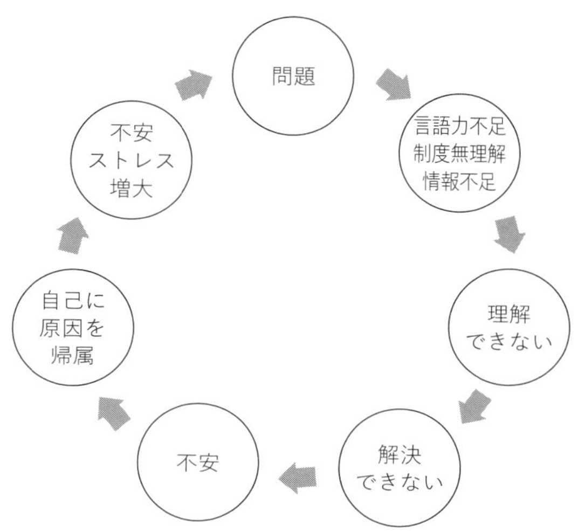

図2-2　外国人相談者の悩みのスパイラル

の原因は自分自身にあると考えてしまいます。そうなると、不安やストレスが増すばかりで、結局、問題は解決できないままになってしまいます。解決の糸口がみつからないまま負のスパイラルに陥ってしまうのです。特に地域で情報がなく孤立している場合は、問題を抱えたままになってしまうことが多いと思われます。

2-2 外国籍住民の要望——外国籍住民意見交換会から

もし外国に初めて住み始め、言葉が不自由だとしたら、どんな悩みがあるでしょうか。例えば、住む場所を探す、買い物、役所での手続き、ごみ出し、近所での付き合いなど、さまざまな悩みがあると思います。ここでは、地域で行われた「外国籍住民の意見交換会」で外国籍住民から出された声を聞いてみましょう（2011年に地域で行われた交換会の声を挙げています）。

1 情報がほしい

情報（や説明）がほしいという次のような声が聞かれました。

- 医療、年金、制度についての説明がほしい。
- 年金制度が自分のいた国にないのでわからない。
- 転職やビザの（取り方の）情報がほしい。
- 免許の切り替えの仕方を知りたい。
- 休暇の取り方がわからない。
- ごみの処理の仕方がわからない。
- 災害時に正確な情報がほしい。
- 役所の書類の書き方を教えてほしい。
- 外国人登録の際、役所がたくさん書類を送ってくれるが、たくさんで何が困ることかわからない。ポイントをしぼって提供してもらいたい。

これらをみると、まず制度に関する情報や説明がほしいという声が挙げられています。「年金制度が自分のいた国にない」という声にあるように、母国に制度そのものがない場合があります。そのような場合、制度そのものについてわかりやすく説明していくことが必要になります。

また「転職やビザの（取り方の）情報」「免許の切り替えの仕方」「休暇の取り方」「ごみの処理の仕方」など「手続きの仕方」に関する情報が必要という声がみられます。これらは書類などを多言語に翻訳するだけではなく、「手続きの仕方」に関する情報も必要だということを示しています。文字だけではなく図などを使うと手続きの流れがわかりやすくなる場合もあるでしょう。「手続きの仕方」をわかりやすく伝えることが必要です。

災害時の情報の必要性についても挙げられました。災害時にはデマなども予想されます。「正確な情報」を速く、わかりやすい形で伝えていくことが課題でしょう。

役所の書類に関する声も聞かれました。役所の書類には漢字や難しい用語が使われていて、意味がわからないこともあると思います。同時に「書き方」についてのルールを知らなければ、どのように書いたらよいかわからないでしょう。用語の意味や書き方についてわかりやすく伝えていくことが課題です。また、多くの書類が送られてきてポイントがわからない、という声もあるように、書類の中から重要な情報をみつけるという作業も必要になります。重要で必要な情報を簡潔に伝えていくことも課題でしょう。

2　多言語サービスの要望

多言語サービスの要望は次のようなものが出されました。

・医療通訳がほしい。
・病気や薬について翻訳したパンフレットがほしい。
・心も身体も病んでいる時、医療通訳があったらよい。
・回覧板を多言語サービスにしてほしい。
・表示内容を多言語にしてほしい。
・書類は、英語や中国語はあるが、タイ語がない。看板や表示にタイ語も書いてほしい。

- ロシア語の説明がない。運転免許を取る時にストレスがたまった。せめてふりがなを書いてほしい。
- タガログ語で情報がほしい。

まず、多言語サービスの要望として挙げられたのは、医療通訳です。外国籍住民が日本でまず安全に安心して暮らすためには、不安なく医療を受けられることが重要です。身体の病気だけではなく精神的な病気も含めて医療通訳が必要という声が聞かれました。身体だけではなく精神的な病で悩んでいる人も少なからずいることを示唆しています。病気や怪我の場合の医療通訳だけではなく、カウンセリングや精神科での医療通訳も充実させることが必要でしょう。また、診察を受ける際の医療通訳だけではなく、薬や病気について訳したものがほしいという要望も出ました。薬をどのように飲むのか正確に理解できないと命に関わる場合もあります。外国で安心して生活するためには医療通訳や薬等の翻訳の情報が必要だといえるでしょう。

また、情報の多言語サービスの充実の必要性も挙げられました。例えば、近所の町内会で配る回覧板を多言語サービスにしてほしいという要望がありました。回覧板の中には地域でのルールや行事、仕事の分担などが含まれています。日本語が不自由な外国人が地域の一人の住民として生活していくためには、このような身近な情報の多言語化が必要でしょう。

さらに、多言語サービスを行う際に、英語や中国語だけではなく、他のさまざまな言語に訳してほしいという要望がありました。外国籍住民といっても英語話者や中国語話者だけではなく、さまざまな言語話者がいます。こうしたさまざまな言語の多言語サービスが必要でしょう。

3　相談についての要望

相談についての要望は次のようなものが出されました。

- 子どもの発達や健康について相談したいが、相談者と通訳がいない。
- 無料相談所があるといい。生活面だけではなく、メンタルケアも必要。
・DVやメンタルケアについて相談するところがほしい。
・放射線や火事のこと、在留資格、学校、年金などいろんな相談を一か所でできるといい。
・相談窓口がどこかわからない。

まず、子どもの健康や発達についての相談が挙げられました。気軽に子どもの健康について相談できる場所があると、外国人の親としては安心して子育てができるでしょう。このような相談場所についての情報提供が必要です。また、相談を無料にしてほしいという要望も挙げられました。できるだけ相談者に経済的負担がかからないようにすることも課題です。

メンタルケアについての相談の必要性も出されました。外国人として地域に住む場合、孤立しがちになり精神的に病んでいる人もいることがうかがわれます。ちょっとした悩みから重い悩みまで、どこに相談に行けばよいのかという情報が必要でしょう。どこでDVについて相談できるのかという情報も届きにくいかもしれません。相談窓口がわからないために一人で悩みを抱え込んでしまう人も少なからずいるのではないかと思われます。こうした情報もわかりやすく提示していくことが必要でしょう。

また、さまざまな相談を一か所でできると便利ではないかという声もみられました。相談はそれぞれの専門の方が対応するため、それぞれの部署で別々に対応していることが通常です。地域にもよると思いますが、例えば月に一度、さまざまな専門の方が一か所に集まり、ワンストップで相談ができるような場がつくれると、外国人も相談がしやすいでしょう。

さらに、相談窓口がどこかわからないという声がありました。せっかく相談窓口をつくっても、それがどこにあるのか在住外国人に情報が届かなければ、ただの「箱」になってしまいます。相談が必要な人の中には、日本に来たばかりで日本語がほとんど話せない外国人もいるでしょう。そうした人たちが、相談が必要な時に必要な場所に行けるよう、相談窓口の情報を提供していくことが必要です。

4　仕事や住居探しの悩み

仕事や住居等に関する意見については次のように出されました。

・権利や義務についてまとめたガイドブックがほしい。
・選挙権がほしい。
・マンションを買いたくても永住権がなくローンができない。永住する意思はあるのだが、わかってもらえない。
・就職が難しい。就職で不当な扱いを受けた。
・仕事が不安定。社会保険に加入させてくれない派遣会社が多い。
・有給休暇が取れない。
・採用の時の国籍条項を撤廃してほしい。

まず、選挙権を得て一人の市民として政治に参加したいという声が聞かれました。また、住まいについて永住権がないためにローンを利用することができないという声が聞かれました。外国籍住民からはなかなか住まいがみつからないという声も聞かれます。地域の一人の生活者として住む場合、「住まい」は重要です。どの地域においても外国人が不利にならずに住まいを選べるようにしていく必要があります。

仕事に関しての悩みも挙げられました。例えば、就職活動での不当な扱いや仕事の不安定さなど、仕事に関する悩みが出されました。また休暇が取れないなどの悩みも出ています。採用の仕方や採用後の対応など、課題が山積しているといえます。外国籍住民の就労環境の改善も今後の課題です。

5　地域の一人の生活者としての声

地域に住む一人の生活者としての声も聞かれました。

・10年、20年住んでいても、近所の人との間に高い壁を感じる。打ち解けられない。
・たけのこ採りや魚捕りの許可の取り方を教えてほしい。

まず、「何年住んでも近所と高い壁を感じる」という声が聞かれました。「外国人」というだけで近所で打ち解けられないというのは本人にとっても周囲にとっても辛いことだと思います。偏見は誰にでもある無意識なものだと思いますが、「外国人」であるという枠を超えて「（自分と同じ）一人の地域の住民である」という大きな枠で捉え直して相手をみていくことができれば、少しずつ相手を受け入れることができるのではないでしょうか。

また、「たけのこ採りや魚捕りの許可の取り方を教えてほしい」という意見もみられました。これは一人の地域の生活者としての意見です。地域でのルールは明文化されたものだけではなく、「みえない」ルールもあります。以前から住んでいる人たちには、これらは「常識化」されていて「暗黙の了解」になっている場合が多いでしょう。外国人に限らず新しく住むことになった人たちに対して「みえない」ルールを伝えていくべきです。

外国籍住民の人たちが、地域で、自立した一人の生活者として生活していくために、どのようなことが必要か、身近なことから取り組んでいくべきです。

6　社会貢献・自己啓発の場の必要性

社会貢献や自己啓発の場の必要性については次のような声が聞かれました。

- パソコンの勉強をしたい。読み書きはできるがそれ以上ができない。日本語がわからない限り、再就職できない。
- グループで会ったり、コンピュータを練習できる場がほしい。
- 会社で勉強会をしているが、そのような研修の場、学ぶ場をつくってほしい。
- 自らイベントを企画したい。施設の貸し出しを行ってほしい。
- タイは年寄りには優しい社会。タイ人が介護の仕事で社会に貢献できるのではないか。
- ホームヘルパー（の仕事）は日本人には抵抗があるようだが、外国人女性にとっては抵抗がない。

・ホームヘルパーの資格の講座をつくってほしい。ゆっくり10回くらいのコースで。
・自治体の一員として何をすればよいのか知りたい。
・同じ住民として日本を豊かにしていきたい。

まず、「パソコンの勉強をしたい」といった自己啓発の機会を持ちたいという声がありました。地域で日本語教室は多くありますが、「外国人のためのパソコン教室」のような教室はあまりみられません。実際に日本で生活をするためには、日本語を学ぶだけではなく、パソコン等もできないと実際に仕事をすることができない場合が多いでしょう。わかりやすい日本語（あるいは多言語で）パソコンについて学べる場があると就業の機会も増えると思います。

また、勉強会や研修の機会の必要性や、グループでのミーティングの機会を持ちたいという声もありました。地域での外国人の学習といえば「日本語学習」のみに目を向けられがちですが、このように勉強会や研修で学ぶ機会をつくる必要性も挙げられます。こうした学びの場は社会参加を促すといえるでしょう。また、「参加する」立場だけではなく、「自らイベントを企画する」立場に立ちたいという声も聞かれました。外国籍住民が地域の活動に参加するだけではなく、社会参加の主体となっていくことも今後の課題といえるでしょう。ホームヘルパーや介護の仕事で社会に貢献したいという声も聞かれました。こうした地域からの声にも耳を傾け仕事や研修の機会を積極的につくっていくことが大切ではないかと考えます。

「自治体の一員として」「同じ住民として」地域や日本を豊かにしたいという意見も挙げられました。自らを「外国人」というカテゴリーでくくるのではなく、「同じ地域に住む住民」として広いカテゴリーで捉え直し、地域や社会に貢献していきたいという主張です。この主張からは、主体的に地域をつくる一人の人間として自身を位置づけていることがわかります。地域の日本人たちに、外国籍住民の中にはこのように地域に貢献したいと考えている人たちがいることを知ってもらうことは大切ではないかと思います。

7　情報の発信者へ

情報の発信者になる必要性についての意見もみられました。

・外国人が使う専門のサイトが必要。外国人も情報発信者になることができる。
・県や市のホームページを活発にしてもらいたい。発信もできるといい。
・フェイスブックなど活用できればいい。

ここでは、外国人が情報発信の当事者になることが可能である、という声が挙げられています。出された意見は、例えば「外国人専門のサイトの必要性」「ホームページで意見を発信」「フェイスブックの活用」などです。外国人が情報の発信者、受信者になれば、外国人同士で悩みを出し合ったり、問題を解決し合ったり、情報を交換し合ったりすることも可能になるでしょう。また、外国人の声が日本人に届くことにもなります。

これまでは、「日本人」＝「支援者」＝「情報発信者」、「外国人」＝「被支援者」＝「情報受信者」という構造が出来上がっていたように思います（図2-3、一方向モデル）。この背景には「外国人」＝「日本語ができない」＝「情報弱者」と位置づける傾向があるようです。しかし、日

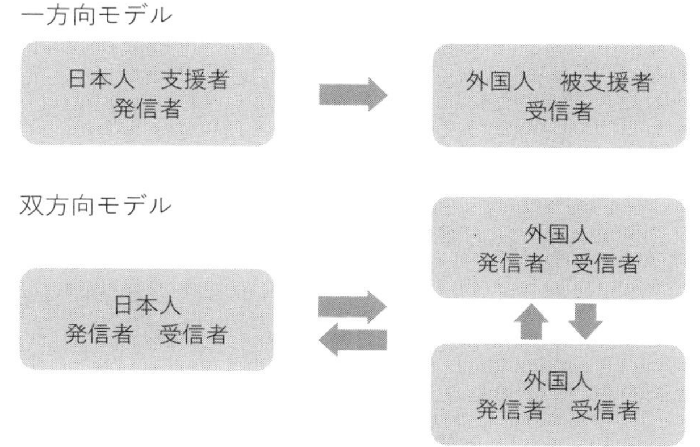

図2-3　一方向モデルと双方向モデル

本語が不十分でも、母語や使える日本語を用いてやりとりしながら得ることも多いのではないでしょうか。従来の一方向モデルではなく、外国人、日本人双方が、ともに発信、受信できる双方向モデルで捉えていくことが大切であると考えます。

8　問題解決の当事者へ

外国人自身が問題解決の当事者になるという声も聞かれました。

・緊急時の助け合いのためにグループをつくりたい。
・個々の問題もグループで集まることによって問題解決ができる。しかし、自分でグループをつくることは難しい。
・居場所ができれば、イベント、情報交換、相談、連携などすべての問題が解決できるかもしれない。
・地域別にコーディネーターが必要ではないか。ネットワークのために。

ここでは、まず「緊急時の助け合いのためのグループ」の必要性が挙げられました。災害時など、緊急時には地域の避難場所などさまざまな情報が必要です。日常の時以上に助け合いが必要となります。また、地域でもし孤立してしまえば心細い気持ちになるでしょう。しかし、地域に住む外国人同士で災害時の助け合いのためのグループができていれば、安心して情報の交換や助け合いを行うことが可能になります。緊急時にグループをつくる余裕はないため、あらかじめ日常時にこのようなグループができていると緊急時にあわてなくてすむでしょう。

また、「グループで集まることにより、さまざまな問題解決が可能になる」という声も上がりました。問題が生じた時、個人で解決するよりもグループの方が解決しやすいといえるでしょう。ただ、「自分でグループをつくることが難しい」という意見が上がっているように、自分の力だけではグループをつくることに限界がある場合もあるでしょう。時間的・空間的なきっかけ（例えばイベントや居場所など）があると、その中でグループが発生しやすいのでないでしょうか。

さらに、「居場所」の必要性も挙げられました。外国人同士が集まることができる居場所があれば、イベントや情報交換、相談、連携などを行うことができ、さまざまな問題解決ができるのではないかという意見です。居場所をつくることで、ゆるい関係が生まれ、その中でさまざまな情報交換や相談ができるようになります。さらに人との関係が広がれば、その中でさまざまな問題の解決ができることでしょう。バイリンガル相談員のみが外国人の相談にのるのではなく、外国籍住民同士が相談し合うという関係が構築されることで、多くの身近な問題の解決につながっていくと思います。

また、ネットワークのためにはコーディネーターが必要という意見も挙げられました。コーディネーターが外国人当事者を取り巻くネットワークをさらに広げる役割を果たすのではないかといえます。

図2-4は、中央の一人の外国人当事者の周囲との関係を示すイメージ図ですが、実際にはこのモデルに書かれた関係だけに限らず、ネットワーキングが外へさらに広がっていくイメージです。

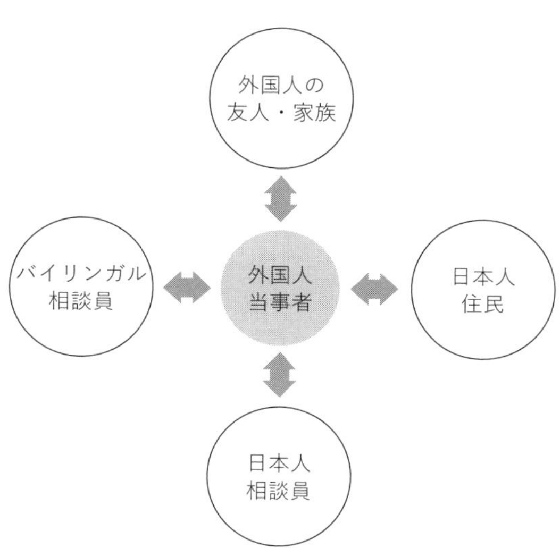

図2-4　外国人当事者を取り巻くネットワーク

2-3　外国籍住民の困りごと
——「東京都在住外国人向け情報伝達に関するヒアリング調査報告書」からの考察

外国籍住民は、生活する中でどのようなことについて困っているのでしょうか。ここでは「東京都在住外国人向け情報伝達に関するヒアリング調査報告書」（旧東京都国際交流委員会、2018年3月）に記載されている報告をもとに考察したいと思います。この報告書のアンケートは、旧東京都国際交流委員会が、東京都在住または在勤の外国人100名に対して行ったものです。なお、ゴシック体の文は旧東京都国際交流委員会のアンケート結果の引用で、地の文章は筆者の考察となっています。

1　外国籍住民はどのようなことで困っているのか

「どのようなことに困っているか」の回答
医療56%　お金の手続き53%　住居51%　通信46%　仕事38%　役所の手続き36%　地域のルール36%　教育・子育て34%　交通機関33%　災害20%　その他15%　（旧東京都国際交流委員会）

これを見ると、医療やお金の手続き、住居に関することが多いということがわかります。最も大切な「命に関すること」が一番多く、「お金、住まい」といった安心して生活できること、仕事や役所の手続き、といった順に多いといえます。

「家族あり（日本人含まず）」の層が、困りごとを挙げる数が最も多かった（平均49.4%）。回答者の最も多かった医療（56%）について、困ると答えた割合が特に高かったのは「家族あり（日本人含まず）」（82.6%）、次いで「子育て中」（72.5%）だった。家族に日本人のいない層が課題を感じる傾向にあると考えられる。
（旧東京都国際交流委員会）

ここで述べられているように、日本人がいない外国人のみの家族の場合、困っていることが多いことがわかります。外国人のみの家族の場合、特に日本語が不自由だったり地域に知り合いがいないと、地域社会から孤立してしまう可能性があるといえます。

もし言葉が不自由な国に住むことになり、家族全員がその土地の言葉を話せないとしたら、とても不安でしょう。しかし、地域に一人でもその国の言葉を話すことができる人が身近にいれば安心するのではないかということを、この結果は示唆しています。

2　役所の手続きの悩み

役所の手続き
申請用紙の書き方、行くべき窓口がわからない、職員の説明がわからない等
（旧東京都国際交流委員会）

ここでは、役所での手続きで、具体的な悩みが述べられています。話し言葉が多少できても、書き言葉ができないと申請書に書くことができず手続きを進められません。また、職員の説明がわからないと手続きそのものもうまく進めることができないでしょう。

窓口そのものを多言語対応にしたり、職員の説明で「やさしい日本語」を用いたりすることがまず考えられます。申請書などの文書については、漢字にふりがなをふったり、多言語で翻訳したものを見せるなどの工夫をすればわかりやすくなるでしょう。また、相手の言葉がわからない時に、「もう一度ゆっくりお願いします」のように聞き返す言葉を知っていれば、安心してコミュニケーションできるといえます。

3　医療の悩み

医療
「予約の電話をかけたが病状をうまく伝えられなかった」（中国）
「出産の時、言葉が通じないと困るのでは、と大きな病院にまわされた」

「しくしく痛い、ちくちく痛いなど病状を説明する言葉が難しい」（ペルー）、
「先生のことばがわからない」
「最初症状をうまく伝えられず必要以上に強い治療をされてしまった」
「母国とはシステムが違うので、自分の症状がどの科にあてはまるのかわからなかった」（ロシア）、
「眼科など診療科目の名前が難しい」（フィリピン）
「問診票がすべて日本語で書かれており、日本語で記入しなくてはならないのがつらい」
「日本の病院は書類が多く何度も同じ質問をされていると感じる」
「診察券が必要等病院の仕組みが理解できなかった」

（旧東京都国際交流委員会）

ここでは、まず言葉の問題が挙げられています。医療の用語がわからなかったり、患者として説明する際の日本語が不十分だったり、問診票の記入が難しかったりして、症状をうまく伝えられない、医者の言葉がわからないといった問題です。言葉がわからない国で、身体の具合が悪くなった時のことを想像してみてください。病院の予約もままならないならば、病院で治療を受ける機会を失ってしまうかもしれません。また、治療が受けられても、具体的に症状を説明する言葉（「ちくちく痛む」「頭がずきずきする」などの擬声語、擬態語など）がわからないと、医者とのやりとりの中で誤解が生じてしまい、適切な治療が受けられない場合もあるでしょう。そのような状況で抱える不安やストレスが大きいものであろうことは想像に難くありません。そんな時に、もし通訳ができるバイリンガル相談員の方がいれば、安心して治療を受けることができるはずです。また、医者とのやりとりの中には、よく使われる決まったフレーズがあります。病院で使う用語にもいくつか決まったものがあります。こうした言葉を少しでも知っていれば、多少は安心できるでしょう。

日本の病院の仕組みがわかりにくいことや書類が多いことなど、システムの問題も挙げられました。例えば、診察を受けるには診察券が必要なことや、どのような科で診察を受けるか等です。言葉の通訳だけでは

なく、母国とは異なる日本のシステムについての説明も必要だといえるでしょう。

医療は直接本人の命や健康につながる分野です。外国籍住民が安心して生活するために上記の問題に対応できるような医療通訳を配置・充実させていく必要があるでしょう。

4　生活の悩み

生活
「粗大ごみの出し方がわからない」
「マンションの掲示物が読めない」
「階下の人から音について苦情がきた」　（旧東京都国際交流委員会）

生活についての声もいくつか見られました。まず、ごみの出し方です。いつ、何を出せばよいのか、地域ごとに異なっている場合が多く、外国人だけではなく、日本人でも他の地域からきた人は戸惑うことがあります。例えば「じゅうたんは○○センチ四方に切って出す」のように細かい指示をしている地域もあります。また、同じものでも「プラスチックごみ」として出すのか「燃えるごみ」として出すのか、地域によって異なる場合もあります。ごみ出しのルールについて、地域でパンフレットのような形で絵や図を入れながら説明したものが配られている場合もあります。これらの情報が本人たちに届くことがまず大切でしょう。さらに内容も、多言語にしたり、イラストなどを使ってわかりやすく提示するといった工夫をしていく必要があるでしょう。

また、マンションの掲示物が読めないという声が見られました。地域でのイベント、ごみ出しなどマンションに関するルール、連絡事項など重要な情報がわからないと、近所付き合いだけではなく、生活に支障をきたしてしまいます。掲示物にふりがなをつけるだけでも外国籍住民が住みやすくなるのではないでしょうか。

生活騒音の苦情についての声も聞かれました。音や声がどの程度の大きさになると不快に感じるのかは、人それぞれでしょう。しかし、特にアパートやマンションのように隣同士が近い場合、音や声については気を使う必要があり、そのことに気づいてもらう必要があるでしょう。そのためには近所の人との日常のコミュニケーションが大切だと思います。

地域では公的にルール化された「見えるルール」もあれば（例えばごみの出し方など）、慣習など「見えないルール」もあります（例えば、引っ越しの時に近所にあいさつ回りをするなど）。特に「見えない」暗黙のルールの場合、初めてその土地に住む外国籍住民にとって理解するのは難しい面もあると思います。こうした面も、バイリンガル相談員や近所や地域の人とのコミュニケーションがあれば、少しずつ理解していくことができるのではないでしょうか。

5　仕事の悩み

仕事

「現在就職活動中。言語の面でも国籍の面でも外国人は不利を感じる場面が多い」

「税金のこと、有給のことなど、会社から説明がないまま仕事が始まってしまいよくわからなかった」

「日本の会社はどこも労働時間が長く、効率がよくない」

「外国人がキャリアを積めるような職場を見つけることはとても大変だと感じる」

（旧東京都国際交流委員会）

仕事に関する声もいくつか見られます。まず、就職活動では「言語」や「国籍」で不利な扱いを受けていると感じているという声が挙げられました。言語や国籍を問わず採用していくシステムづくりが必要でしょう。また、契約内容の説明不足についての声も挙げられました。契約について具体的でわかりやすい説明をしていく必要があります。

労働時間の長さについての指摘もありました。また、「外国人がキャリアを積める職場を見つけることは大変」という意見も見られました。この意見は外国人の待遇やキャリアアップが他の日本人と同様ではない職場があることを示唆しているといえます。職場内で国籍を問わずキャリアアップできる環境をつくっていくことが、これからの社会で必要だといえます。

6　生活情報収集の手段

生活情報収集の手段
スマホで調べる90%　PCタブレットで調べる60%　日本人の家族に聞く26%　外国人の家族に聞く13%　日本人の友達に聞く76%　外国人の友達に聞く62%　ボランティアや日本語教室に聞く26%　近所の人に聞く15%　（旧東京都国際交流委員会）

生活の情報収集手段についての質問では、90%の人がスマホから情報を収集していることが浮かび上がりました。

外国で初めて暮らす場合、さまざまな生活の情報が必要となるでしょう。スマホで検索しすぐに情報を手に入れることができれば、安心して生活を送ることができます。在住外国人にとって生活に役立つ情報については、スマホで情報を得られるようにウェブサイトやアプリなどを利用して発信する工夫が必要だと思います。また、報告書では、「母語でウェブ検索をするものもいる」という回答が見られたとあります。在住外国人が母語でも検索できるよう、多言語での発信を行ったり、「やさしい日本語」の利用も検討すべきだと思います。

また、日本人や外国人の「友達」に聞く割合が比較的多く見られました。「友達」のネットワークが重要となっていることがわかります。一方で、ボランティアや近所の人に聞く割合はやや少なく、地域でのネットワークがやや希薄であることが浮かび上がりました。地域にもよると思いますが、身近な地域でのネットワークが機能すれば、情報がより多く収集できるのではないかと思われます。バイリンガル相談員が、外国籍住民と地域をつないでいくことも課題でしょう。

希望する情報媒体
ウェブサイト最も多い　その次ちらしや冊子などの紙媒体　張り紙
ポスター　SNS　スマホアプリ

希望する紙媒体の配布先　多い順
駅　役所と学校　コンビニ　空港　母国の人が集まる場所　図書館
教会寺院

希望する情報発信言語
やさしい日本語、英語、日本語、母国語

（旧東京都国際交流委員会）

希望する情報媒体はウェブサイトが最も多く見られましたが、ちらしや冊子、張り紙・ポスターのような紙媒体も見られました。

先に述べた情報収集の媒体では、スマホが90％と圧倒的に多く見られましたが、実際に希望する情報媒体ではちらしや冊子、ポスターのような紙媒体も希望していることがわかります。必要な情報については、ウェブサイトだけではなく、目立つようにちらしやポスターでも知らせていくことも必要でしょう。自分で主体的にアクセスする必要のあるウェブサイトだけではなく、目立つ所に掲示されるちらしやポスターでの情報発信にも意義があると考えます。また、情報をわかりやすくまとめた冊子も役に立つと思われます。

希望する紙媒体の配布場所は、駅や役所、学校、コンビニなど外国人の当事者がよく利用する場所が挙げられています。教会寺院も挙げられていますが、在住外国人の人たちの集まりの場所となり情報交換の場になっていることが推測できます。紙媒体の配布先は、日本人が自分たちの生活を基準にして考える場所ではなく、当事者の声を聞き、本人たちが適切と考えている場所に配布する必要があります。

また、希望する言語については「やさしい日本語」が多く、次いで英語、日本語、母語の順となっていました。多言語とともに平易な日本語でわかりやすく伝えるということを情報の発信側が意識していくことの重要性を示しているといえます。

7　相談窓口の利用

相談窓口の利用について
8割以上が利用したことがない、という回答であった。
相談したことがある人はほぼ全員が役に立ったという回答

使ってみたいか
使ってみたい64.3%　特に必要ない35.7%

どのようなことを相談したいか
税金、社会保険、在留資格、法律、子育て、仕事

（旧東京都国際交流委員会）

相談窓口については8割以上が利用したことがない、とされています。これには、「窓口の存在そのものを知らない」「気軽に相談に行きづらい」といった理由が想定されます。しかし、窓口に実際に行き、相談した人はほぼ全員が役に立ったと回答しており、相談窓口は外国籍住民にとって重要な役割を果たす可能性を備えているといえます。

どのようなことを相談したいかについては、生活のさまざまな内容が挙げられています。身近に相談できる人がいない場合、相談窓口の存在を知ることで問題解決につながる可能性は高いと考えます。相談窓口がある、という情報を、ウェブサイトだけではなく、外国人のよく集まる場所にポスター等で掲示するのも一つの方法でしょう。

相談窓口は「つくる」だけではなく、その存在を在住外国人に知ってもらい、気軽に利用してもらうことによって初めて意味を持つといえます。

第2章のまとめ

第2章では、外国籍住民の声についてみてきました。

外国籍住民は、生活をしていて言語が理解できないために自分の気持ちを伝えられずストレスがたまったり、不安な時に言葉が聞き取れなくなったり、問題が起きると「自分が外国人であるため」と自分のせいにしてしまうという語りがみられました。

また、地域での外国籍住民の意見交換会からは、情報の入手が困難であることや多言語サービスの要望、相談できる場の不足に関する声のほかに、地域の一人の生活者としての意見や、自身の社会貢献、自己啓発の場の必要性、情報の発信者や問題解決の当事者になるという「主体的な社会の参加者」としての意見も見られました。

「東京都在住外国人向け情報伝達に関するヒアリング調査報告書」からは、生活、医療、仕事での言語やコミュニケーションの問題が挙げられました。また、情報へのアクセスはウェブサイトの利用が多いことや、相談窓口の利用があまり多くない一方で、利用した人は役に立ったと回答していることがわかりました。

これらの問題を解決していくために、バイリンガル相談員の存在が必要になってくるといえます。

第3章　バイリンガル相談員に求められるニーズとは
――外国籍住民の声からみえてくるもの

外国籍住民の声から、バイリンガル相談員に求められるニーズとは何でしょうか。

前章では、外国籍住民のさまざまな声についてみてきました。これらの声を解決していくために、バイリンガル相談員は欠かせない存在と考えられます。では、バイリンガル相談員に求められるニーズとは何でしょうか。ここでは、前章の「外国籍住民の声」からみえてくる「バイリンガル相談員に求められるニーズ」について考えていきたいと思います。

3-1　問題解決の糸口のサポート

まず、問題解決のサポートのためのバイリンガル相談員の役割が挙げられます。前章でも紹介しましたが、相談相手がいないために「悩みのスパイラル」に陥ってしまう外国籍住民のケースがありました。問題が起きた時、言語や制度などの知識が不足しているために解決できず、「(外国人である）自分に問題の原因があるのではないか」と思い込み、負のスパイラルに陥ってしまうのです。負のスパイラルに陥ると、本人の不安やストレスもたまります。

しかし、バイリンガル相談員が、言語や制度面の知識をサポートし、問題解決に必要な機関につなげるなどのサポートをすれば、これらの負のスパイラルは消えて、問題を解決していくことが可能となります。例えば、役所である手続きをすればすぐ解決できるのに、それを知らずに一人で悩みを抱えていた場合、バイリンガル相談員からその手続きのことを聞き、役所で実際に手続きをすることで問題が解決できます。ま

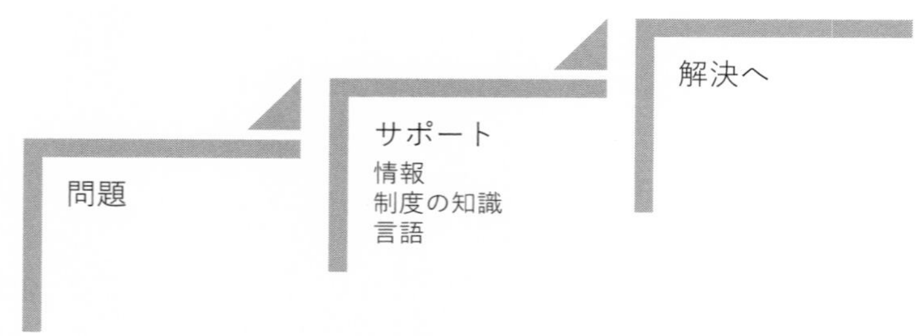

図 3-1 問題解決の糸口のサポート

た、仕事上のトラブルについて一人で悩んでいる場合、そのトラブルは外国人である自分のせいで生じてしまったと思い込んでしまったというケースがありました。しかし、「労働関係の相談」ができる場があることを知り、そこで相談をすることによって、そのトラブルが自分のせいではなく、組織のシステムの問題ということがわかり、問題が解決したというケースもあります。

バイリンガル相談員の存在が、問題を抱えている外国籍住民の負の連鎖を断ち切り、問題解決への糸口をつかむことを可能にするといえるでしょう。

3-2　情報提供のサポート

バイリンガル相談員で最も多く求められるニーズとしては、「情報提供のサポート」が挙げられます。

例えば、役所の手続きの場面において、前章では「行くべき窓口がわからない」「申請書の書き方がわからない」「職員の説明がわからない」といった声が挙げられました。日本で生活していくためには、さまざまな役所の手続きが必要です。「どんな時」「どの窓口で」「どのような手続きをすれば」といった情報が、あらかじめホームページ等で多言語あるいはやさしい日本語でわかりやすく提供されていれば、外国籍住民は、いつ、どこの窓口に行けばよいかわかるでしょう。必要最低限の生活ができるよう生活に必要な情報を入手できるアクセス権※という考えからもこの情報提供は必要なサポートといえます。

役所の手続きでは、まず申請書を書く場合が多いのですが、こうした申請書自体に、わかりやすく書いたり、漢字にルビをふるなどの工夫が必要でしょう。岩田（2016）では、国や自治体向けにわかりやすい公用文の書き方について説明しています。申請内容を理解し、実際に申請書を書くにあたっては、バイリンガル相談員のサポートがあれば、正確に行うことが可能になるでしょう。

窓口でのやりとりの場面では、特に日本語が不自由な外国籍住民にとっては、バイリンガル相談員の存在は重要でしょう。窓口の人と外国籍住民のやりとりをサポートすることで、正確に手続きを進めることが可能となります。手続きは、日本で生活するためには欠かせないものがほとんどでしょう。こうした手続きをミスなく行うことは、一人の生活者として安心して生活することにつながります。

役所の手続きだけではなく、生活のさまざまな細かい困りごとについても相談でき、情報を提供してくれるバイリンガル相談員がいると心強いでしょう。

※アクセス権
公共サービスを利用できたり、生活に必要な情報を入手できるなど、主に基本的人権に関わることがらへのアクセスを指す（水野2008, p.7）。

3-3　安全・命のサポート

バイリンガル相談員に求められるニーズとして、安全・命のサポートも挙げられます。

例えば前章では、医療場面における医療者と外国人患者とのやりとりの難しさや、医療の仕組みがわからない等の外国人の声が挙げられていました。言葉ができないことで症状をうまく伝えられなかったり問診票が書けなかったりするケースも見られました。言葉がわからないことで命に関わる場合もあるでしょう。医療通訳を担うバイリンガル相談員の存在によって、治療がスムーズに行われたり、医療者との誤解を防ぐことができます。命が助かる場合もあります。問診票の記入のサポート、予約のサポート、受診時の医者とのやりとりのサポート、薬の飲み方のサポートなど、バイリンガル相談員のさまざまなサポートによって外国人患者は安心して治療を受けることができるでしょう。また、言葉のサポートだけではなく、医療システムの違いの説明もあると誤解を防げるでしょう。医療の現場では、バイリンガル相談員の存在は、同時に命のサポートをしているともいえるでしょう。そして、これは医療だけではなく災害の現場においてもいえるでしょう。バイリンガル相談員のサポートによって災害時に正確な情報が伝えられれば、外国籍住民の「安全」が守られます。

命や安全のサポートはバイリンガル相談員にとって重要な役割です。ただ、もちろんバイリンガル相談員自身の安全・命をまず第一に考えた上での行動が大切であることは言うまでもありません。

3-4　社会参加へのサポート

最後に挙げられるニーズが「社会参加へのサポート」です。総務省（2006）は多文化共生の定義の中で、「国籍や民族の異なる人々が互いの文化的ちがいを認め合い対等な関係を築こうとしながら、地域社会の構成員として共に生きていくこと」としています。この中で（国籍や民族の異なる人々が）「地域社会の構成員として共に生きていくこと」を多文化共生の大きな一つの課題として挙げています。外国籍住民が地域の一人の構成員として暮らすことができるよう、バイリンガル相談員も側面から支えていくことが求められているといえます。

前章では、特に外国人のみの家族の場合、相談できる人が他にいなくて困っているという外国籍住民の声を挙げました。日本で生活している外国人が社会から孤立しないために、一人でも相談できる人がいることは心強いことです。友人や知人、近所の人など話すことができる人が一人でもいれば安心ですが、そうでない場合は不安でさまざまな問題を抱えてしまうでしょう。生活上の悩みを相談できるバイリンガル相談員の存在は、社会から孤立しがちな外国籍住民が社会参加できるための橋渡

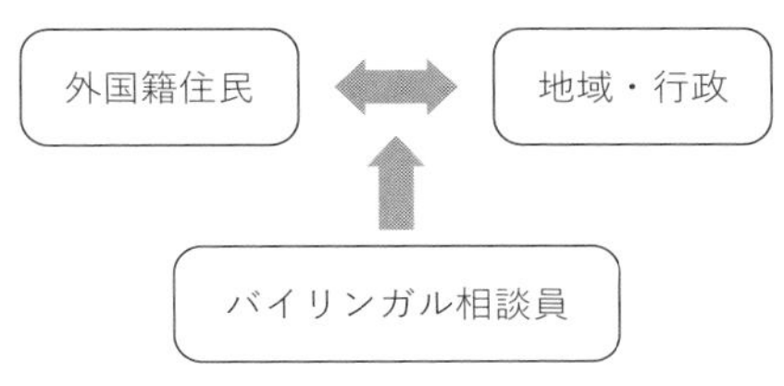

図3-2　社会参加へのサポート

しともいえます。そのためには、まず、バイリンガル相談員や相談場所の存在を外国籍住民の人たちに知ってもらうことが大切です。前章では「相談窓口を知らない」という人が80%もいた旧東京都国際交流委員会のアンケート結果を示しました。来日間もない外国籍住民や外国人のみの家族等、特に情報を必要としている人たちのために、バイリンガル相談員の存在や外国人相談の場所を周知していくことが重要といえるでしょう。

また、前章では、外国籍住民の意見交換会で「イベントを企画したい」「研修や勉強の機会がほしい」など、主体的な社会参加を希望する声が聞かれました。外国籍住民が地域の一人の住民として社会参加し、活躍していくために、バイリンガル相談員はこうした外国籍住民の声を聞いて行政や地域に届けたり、地域で活動できる場所の情報を外国籍住民へ伝えたりすることが必要でしょう。いわば「外国籍住民」と「地域・行政」の間の橋渡しとなる可能性を持っていると思います（図3-2）。しかし、ここで大切なのは、あくまで主体は「外国籍住民」であり、バイリンガル相談員はそのサポート役であるということだと思います。

3-5　マズローの五つのニーズとバイリンガル相談員の役割の可能性

ここでは、マズローの五つのニーズと関連させながら、バイリンガル相談員のニーズについて考えてみたいと思います。

マズロー（Maslow, A. 1987）は、コミュニケーションの動機をニーズと関連させています。マズローは、人間のニーズ（欲求）は、次の五つの階層に分かれていると述べています。「生理のニーズ」「安全のニーズ」「帰属と愛のニーズ」「自尊のニーズ」「自己実現のニーズ」です。以下では、それぞれについて、マズローによる定義を紹介しながら、「バイリンガル相談員の役割のニーズ」と関連づけながら述べていきたいと思います。

生理のニーズ

マズローによれば、生理のニーズは、人間のニーズの中で最初に挙げられるもので、「寝る」「食べる」などが挙げられます。食べる、寝ることも含め、健康に暮らしていくことは人間が生きていくためにまず必要なことといえます。例えば、外国籍住民にとって病気や怪我で医者に診てもらう時に、母語のわかるバイリンガル相談員のサポートを得ることができれば、無事診察してもらうことができ早く治すことができるでしょう。特にコロナ禍においては、医療関係のさまざまな情報が必要になっています。バイリンガル相談員は、外国籍住民にとって「生理のニーズ」に応えるために重要な役割を果たしているといえるでしょう。

安全のニーズ

マズローによれば、「安全、安定性、不安や怖れからの解放」とされています。外国籍住民が安心して生活するためには、生活の情報など多言語で対応できるバイリンガル相談員の存在は重要といえるでしょう。また、特に災害時や緊急時の場合など、外国籍住民は言葉の壁もあり孤立する可能性があります。このような時に、バイリンガル相談員が多言語での情報提供などのサポートをすれば、外国籍住民にとって安全な状況が確保できることにつながるでしょう。バイリンガル相談員は外国籍住民にとって「安心・安全」な生活をしていくための重要な役割を果たしているといえるでしょう。

帰属と愛のニーズ

マズローによれば、「愛のニーズとは、愛を与えたり受け取ったりするニーズ、帰属のニーズは、自分の故郷やグループ、ルーツなど自分が何かに属しているというニーズである」とされています。外国籍住民が、例えば家庭生活に関することや結婚、離婚に関する手続きなどについて相談したりする時に、母語で伝えられるバイリンガル相談員がいれば心強いでしょう。また、新しく住み始めた地域になじめず孤立しがちな外国籍住民に対して、地域の一員として活動に参加するためのきっかけとなる情報提供をバイリンガル相談員が行うことも可能でしょう。また、組織の一員として仕事をする際に生じるトラブルに関する相談についても、バイリンガル相談員の役割は重要といえるでしょう。バイリンガル相談員は、外国籍住民が地域や組織の一員として生活していくために重要な役割を果たしているといえるでしょう。

自尊のニーズ

マズローはその次にくるニーズとして自尊のニーズを挙げています。マズローによれば、これは「自尊心と他者を尊敬する心のことで、相互補完的な関係にある」としています。外国籍住民が自信を持ち、自己肯定感を持って生活していくためには、まず悩みを聞き、前向きに解決できるようなアドバイスや情報が必要でしょう。また、外国籍住民自身が地域のイベントなどに主体的に参画することをサポートしていくことで、このニーズが満たされることも考えられます。

自己実現のニーズ

マズローは、最後に自己実現のニーズを挙げています。マズローが、「自己実現のニーズは、個人個人によって異なる」と述べているように、外国籍住民にとっても自己実現のあり方は一人ひとり異なるでしょう。すぐに夢を実現できる場合もあれば、時間がかかる場合もあるでしょう。こうしたさまざまな夢を実現していくためには、さまざまな情報やアドバイスが必要です。夢の実現にバイリンガル相談員が手助けとなる場合もあると思います。

以上、ここでは、マズローの提示した「生理のニーズ」「安全のニーズ」「帰属と愛のニーズ」「自尊のニーズ」「自己実現のニーズ」の五つのニーズをもとに、バイリンガル相談員の役割の可能性について考えてみました。外国籍住民が安心し、充実した生活をしていくために、マズローの五つのニーズすべてにおいて、バイリンガル相談員の役割が重要な役割を果たす可能性が示唆されています。

第3章のまとめ

第3章では、第2章で挙げた「外国籍住民の声」から、実際にバイリンガル相談員に求められるニーズとは何かについて4点挙げました。

まず、外国籍住民の悩みのスパイラルを断ち切る「問題解決の糸口」のサポート役としてのバイリンガル相談員の役割を挙げました。例えば、制度面についての知識をサポートすることで、相談者はその制度を知り、利用することによって問題を解決することができるのです。

二つめは、情報提供のサポートです。情報がないために困っている外国人にとって、情報は生活していくために重要です。もちろんネットなどでも情報提供はできますが、バイリンガル相談員が複数の言語を使用しながら情報提供をしていくことも必要でしょう。

三つめは、安全、命のサポートです。特に医療場面ではさまざまな医療文化の違いの説明も含めてバイリンガル相談員の役割は重要になります。

四つめは社会参加へのサポートです。日本で生活している外国人が社会から孤立せずに地域社会で生きていくためには、バイリンガル相談員の存在は重要だといえます。

さらに、外国籍住民が安心し、充実した生活を送るため、マズローの提示した五つのニーズ(「生理のニーズ」「安全のニーズ」「帰属と愛のニーズ」「自尊のニーズ」「自己実現のニーズ」)において、バイリンガル相談員は、重要な役割を果たすと考えられます。

第4章 バイリンガル相談員はどのようにコミュニケーションしながら支援しているのか

バイリンガル相談員は、相談者とどのようにコミュニケーションしながら支援しているのでしょうか。

ここでは、バイリンガル相談員が具体的にどのようにコミュニケーションの工夫をしながら支援を行っているのか、バイリンガル相談員の語りをみていきましょう。

4-1 表現の仕方を調整する

バイリンガル相談員のCさんは、外国人相談者が病院で言葉の意味がわからず困っている様子について次のように述べています。

> 症状を伝えられない。先生（医者）の言うことがわからない。どこが痛いのか言えない。レントゲン、ギプスの意味がわからない。救急車の呼び方がわからない。わからないところを聞くタイミングが難しい。医者の遠回しな言い方がわからない。患者は希望を持ってしまう。医者の遠回しな言い方については、直接的な言い方で伝えている。

外国に住んでいて病気になった時、言葉がわからない状況だと大変不安な気持ちになります。Cさんは、外国人の相談者が言葉やコミュニケーションの仕方がわからず戸惑って不安になっている状況について説明しています。身体が痛むのにどこが痛むのか言えず、医者から返ってくる言葉の意味がわからず、どのような症状なのか、どのように治療されるのかがわからないと不安でしょう。また、医者の「遠回し」な言い方は、患者がそのまま受け取り、治るのではないかと希望を持たせてしまうと言います。Cさんは、そのような時に、医者の遠回しな言い方をそのまま伝えるのではなく、「直接的な言い方で」伝えると述べています。日本語には、二重否定を使ったり曖昧な言い方をして、ストレートに意味が伝わりにくい場合が多々あります。例えば、深刻な病状であっても、医者が遠回しで曖昧な伝え方をすれば、外国人患者は大丈夫だと思うかもしれません。特に医療の場面など正確に情報を伝える必要がある場面では、シンプルでストレートに伝えた方が正確に伝わります。バイリンガル相談員は、言葉の意味を説明するだけではなく、状況に応じて婉曲的な医者の表現をストレートな表現に調整しながら翻訳するという工夫をしながらコミュニケーションをしています。

4-2　無理させず母語でゆっくり丁寧に説明する

バイリンガル相談員のAさんは、解雇されて嫌な気持ちになり、日本語が聞こえなくなってしまった外国人相談者とのコミュニケーションについて（2-1-2参照）、次のようにサポートすると述べています。

> そのような時は無理して日本語を使うのではなくて、困っている時には母語でゆっくり丁寧に説明して相手の話を聴く。そうすると相手は安心する。

Aさんは、相談者とのやりとりの中で、「無理しない」態度で「ゆっくり丁寧に説明する」コミュニケーションを行っていると述べています。

外国に住んでいて言葉が不自由な状況でトラブルに会うと、動揺してしまい、ふだん聞きとれていた外国語が聞きとれなくなったり、うまく話せなかったりすることがあります。Aさんは、そのような状況の外国人相談者と相談場面で話す時に大切なこととして「無理しない」ことを挙げています。外国人相談者が不十分な言語で話すのではなく、例えば母語を使うなど本人が無理しない状態で話せる環境をつくることが肝要です。

また、Aさんは（相手が困っている時は）ゆっくり丁寧に説明すると述べています。相談場面のように「困ったこと」を話す場面では、相談者は心に余裕がなく焦っている場合もあるでしょう。そのような場面では、Aさんの述べるように相談者にゆっくり話しかけ丁寧に説明していくことが重要であるといえます。

さらに、緊急の場合など、外国人相談者だけではなくバイリンガル相談員自身も心に余裕がなく焦ったりするかもしれません。そのような時は相談員自身にとってもAさんの述べるように無理せず、ゆっくり丁寧に説明していくことが大切です。

4-3　システムについて説明する

バイリンガル相談員のAさんは、外国人相談者からの解雇の相談について、次のように語っています。

> 外国人労働者の場合、派遣会社で働いている場合が多い。解雇の場合、解雇をするのは派遣先の工場Xではなく、派遣元なので、派遣元は派遣先の工場Xではなく、別の工場Yを紹介できる。しかし、相談者は派遣先の工場Xをクビになってしまったと思う。自分に能力がないと思い込んでしまう。解雇されると自分が悪かったと思ってしまう。
>
> （2-1-3より再掲）

この悩みは、実際は「派遣元」が解雇をしているが、相談者が「派遣先」から解雇されたと思ってしまうという誤解からきていると述べています。

Aさんは、上記の語りの後、以下のように述べています。

> 相談者が（派遣元から）別の工場Yを紹介されても、遠いなど条件が

悪いので嫌といって辞めてしまう。私（A）は相手（相談者）にシステムについて説明している。会社としてはYを紹介するが、（相談者）は満足せずに辞めてしまう。母語で説明するとがっかりしたことでも理解できる。

この悩みの場合、相談者は日本での組織のシステムがわからなかったため、解雇の原因を組織レベルで考えることができず、自分自身の問題と直結させています。Aさんは、相談者に「システム」について説明するという方法を取ることで、相談者に組織や制度との関わりから解雇の状況について理解してもらおうとしています。

異文化で働く場合、雇用組織や制度などが母国と異なる場合があります。何も問題のない状況であれば、このような組織や制度の違いについての知識がなくても働くことはできます。しかし、いったん解雇などのトラブルが起きた場合、組織や制度の仕組みを理解していないと、その要因がわからず、原因を自分の外（組織や制度）ではなく自分自身の内側にあると思い込み、悩んで負のスパイラルに陥ってしまう場合があります。

しかし、バイリンガル相談員が説明をすることで、外国人相談者は異文化での組織、制度の中での雇用や解雇の仕組みを知ることができ、こうした組織や制度との関わりから自分自身の状況について理解することが可能になります。そして、十分な理解こそが負のスパイラルから抜け出すきっかけとなるのです。

このように、バイリンガル相談員は言葉に関することだけではなく、組織や制度の説明も行うことで、相談者をサポートしています。

4-4 「不安な気持ち」に寄り添いながら「相談内容」を聴く

Aさんは、法律に関連する相談にくる相談者について次のように述べています。

私は、相談者には二種類あると思っている。一つは精神的な不安が

図4-1　「相談内容」と「不安な気持ち」を分ける

ある場合。二つめは法律が自分をどう守ってくれるか知りたい場合。一つめと二つめが両方絡んでいる。バイリンガルとして私は両方聴いている。その後悩みを分ける。法律の部分と、法律と関係ない気持ちを整理する部分を分ける。

Aさんは、相談者の中には明確な相談内容を持っていることもあるが、ただ不安なために相談することもあると語っています。そして、この二つが両方絡んでいる場合が多いと述べています。外国で暮らしていて、不安な気持ちをただ誰かに聞いてもらいたい時、母語も使いながら相談にのってくれるバイリンガル相談員に自分自身の不安を受け止めてもらえることは大きな救いになるはずです。

Aさんは、「相談内容」と「不安な気持ち」の両方を聞いた後、その悩みを整理し、「相談内容」の部分と「気持ち」を整理する部分とに分けていると述べています（図4-1）。ここで注目したいのは、相談場面で「相談内容」のみ取り上げ「不安な気持ち」の部分を切り捨ててしまうのではなく、相談者の「不安な気持ち」の部分にも寄り添いながら相談にのっているところです。不安な気持ちに寄り添ってもらうことによって、外国人相談者も安心して「相談内容」を話すことができるのではないでしょうか。

また、「相談内容」と「気持ち」を整理する部分に分けるというAさんの行為は、相談者自身が自覚していなかった「不安な気持ちを誰かに受け止めてもらいたかった」という思いを気づかせることにつながると考えます。

4-5　事実を伝え長期的に考える

生活相談に携わっているバイリンガル相談員のBさんは、離婚の裁判に関する相談に対応した時の経験について次のように述べています。

> 事実を伝えることが大切。弱い部分に寄り添うのに時間がかかる。何回も説明する。聞く、見えている問題は表面的でその人の本当の問題がわからない。出口を見つけられずにぐるぐる回ってしまう。自分の人生をもう一回、新しい日本での人生を考えなければならない。広く5年後、10年後の将来を考えなければいけない。（略）日本の法律はフェアにできている。闘う方法はある。どこまで自分ができるか、わかることが大切。

生活に関する相談はさまざまですが、役所の手続き等の相談とは異なり、この相談の内容は重く、相談者も困惑しており感情的にも辛い状況といえます。相談者は自分自身の弱い部分もさらしながら相談員に相談していかなければなりません。

Bさんは、難しい問題についての相談は、まず事実を伝えることが大切だと述べています。相談内容が重く相手が辛い状況である時ほど、相談員は相談者に対して同情などの感情を抱いてしまいがちです。しかし、Bさんは、「感情」ではなく、まず「事実」を伝えることの重要性を指摘しています（図4-2）。悩んで堂々巡りになっている状況の相談者に対して、「将来を考えなければならない」と述べ、長期的な視野で将来について考えていくことの必要性を示しています。そして、「日本の

図4-2　事実のみ伝える

法律のもとで、闘う方法がある」「どこまで闘うことができるか知ることが大切」と事実を把握していくことの重要性を訴えます。それによって、問題を前向きに解決していくことができ、将来につなげることができると言うのです。

Bさんの語りにあるように、困難な状況の相談の場合、事実を伝え、問題を長期的に捉えて解決していく視点が必要であるといえるでしょう。

4-6　受身的に聴く

5で述べたBさんは、5の語りの後、さらに次のように述べています。

> Passiveに聴くこと。自分の考えを入れないで聴く。

Bさんは、バイリンガル相談員として「聴く」態度について、「Passiveに」と述べています。このPassiveにという言葉はひたすら相手の言うことを受身になって聴く、という意味で使っていると思います。特に相談者が辛い状況でいる場合、相談員として「ひたすら受身になって聴く」態度は重要だといえるでしょう。

また、Bさんは相談者の話を聴く時に「自分の考えを入れない」で聴く重要性を挙げています。「自分の考えを入れないで聴く」とはどういうことでしょうか。相手の話を聴く時、ともすれば自分自身の考えを持ちながら相手の話を聴いてしまいがちです。例えば、相手が「裁判所に行くのがこわい」と言ったとします。その時に聞き手である相談員が「裁判に負けてしまうかもしれないから、こわいと思っているのだ」と思い込んで、「いや、大丈夫ですよ、裁判に負けると思ってしまったらいけませんよ」と言ったとしましょう。ところが、実際には相談者は「日本語がうまく話せるかわからないので、裁判所に行くのがこわい」と思っていたかもしれないのです。思い込みで相手の話していることを聴いてしまうと、相手の本当の気持ちや意図を汲み取ることができない可能性が出てきます。しかし、Bさんの述べるように「自分の考えを入れないで聴く」ことができれば、予測不可能な会話の状況の中で「予測」を立てずに相手の話をありのまま受け止めることができるのではないでしょうか。Bさんの述べるこのような聴き方は、バイリンガル相談員が相談者とコミュニケーションを行うために大切だといえるでしょう。

4-7　選択肢を提示する

バイリンガル相談員のBさんは、さらに続けて、相手に解決策を示す時の方法として、次のように述べています。

> 本人が決めることを、相談員が決めない。選択肢をいくつか与えて本人が選ぶようにする。本人が最終的にどのように選んだのかは相談員は知らなくていい。

相談者の悩みが重く辛い状況である場合、ともすれば相談員が「何とか力になりたい、助けたい」と思うばかりに、解決まで関わり過ぎてしまう場合があります。しかし、Bさんは、あくまで最終的には相談者自身がどうするか決めていくべきだと主張しています。人生を生きているのはあくまで相談者自身、自立し、自分自身で人生を決めていく、相談員はそのサポート役にすぎない、という捉え方をしています。

そして、Bさんは「選択肢を相談者にいくつか与えて本人（相談者）が選ぶようにしている」と述べています（図4-3）。相談員として「選択肢を与える」というサポートをし、あくまで相談者が自分の力で問題を解決できるようにしているというのです。Bさんは、相談者に対してさまざまな可能性を予測しながら、一つだけではなくいくつかの可能性を複数挙げることで、相談者自身が複数の選択肢を自分自身で吟味しながら選択することができるようにしているのです。相談者自身を「主体的に自分の人生を選択する多くの可能性を持った一人の人間」として尊重しているといえるでしょう。

また、Bさんは相談の後のことについて、「本人が（選択肢の中から）最終的にどのように選んだのかは相談員は知らなくていい」としています。アドバイスする側には、ともすればアドバイスされた人がその後どのように選択し、その結果がどうだったのかということまで知りたいと

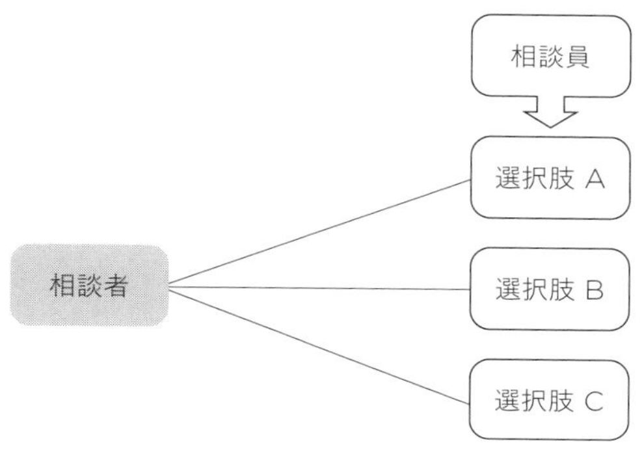

図4-3　相談者が選ぶ選択肢

思う人もいるかもしれません。しかし、Bさんは相談員として相談にのるのはあくまで相談場面までで、その後については相談員は知らなくてよい、というスタンスで相談を受けています。バイリンガル相談員は、相談者と適度な距離を取りながら、あくまで相談者が自ら自分の人生を選び取っていくような「主体性を大切にしたサポート」を心掛けるべきだといえるでしょう。

4-8　ゆっくり話を整理しながら少しずつ理解する

バイリンガル相談員のAさんは、トラブルの相談への対応として次のように述べています。

> 感情面もみんな出して、時々私も理解できるように少し聞くこともあって、そして少しずつ理解していく。ゆっくり整理していってそして理解を求めるということが、その相談の流れかなと思います。

相談にくる時、困難でやっかいな問題であるほど、相談者本人はネガティブな感情を抱いている可能性があります。Aさんは、相談者が持っているネガティブな感情を吐き出させてから、相談にのると言っています。そして、必要な質問をしながら相談者の言うことを「少しずつ理解していく」と述べています。おそらく問題が起きている状態の相談者は、冷静になれず言葉もすぐに出てこなかったり激しい言い方になったりするのかもしれません。Aさんは、まず相手がどのような相談で来ているのかを見極めるために、相手に質問しながら少しずつ理解していくと述べています。

相談場面は、通常のコミュニケーション場面とは異なり、相談者側が取り乱しそうになったり、不安定で、必要な言葉をすぐに整理して伝えることができなかったりすることが考えられます。そのような場合、相談員はまず聞き手として、相手（相談者）が何を言おうとしているのか、質問をしながら理解していくことが必要になります。Aさんが述べるように、一度に相手の言いたいことすべてを理解しようとせずに、「少しずつ」理解していこうとする態度は重要だと思います。

そして、Aさんは、自分の相談者に対する理解と、相談者自身の理解を共有するために「ゆっくり整理していく」と述べています。話の内容を整理していくことは相談員と相談者双方の理解につながります。Aさんは「ゆっくり」整理すると述べていますが、相談員のペースではなく、相談者と一緒のペースで整理していくことの重要性を示唆しています。外国人相談場面の場合、理解し、整理していく過程では、わからない言葉の確認などで、時間がかかる場合も出てきます。バイリンガル相談員は、外国人相談者と一緒に、同じペースでゆっくり歩くようなイメージで、問題に対する双方の理解を共有しながら進めていくことが大切です。

4-9　問題を一つひとつ整理する

学校で外国籍児童生徒のサポートをしているバイリンガル相談員Dさんは、以下のように述べています。

> チンさん（仮名）が泣きながら「学校の行事に参加したくない。ひとりぼっちだから」と言ってきた。そこで、チンさんと話しながらクラスメート全員について、誰が仲良くて誰とどういう関係なのか、一人ひとりについて整理した。仲良くしてくれたか、あいさつ

してくれたかなど。二人（Dさんとチンさん）で整理した結果、チンさんとうまくいっていない人はわずか二人ということがわかった。他の人たちは親切なことがわかった。チンさんに「わずか二人のために行事に参加しないの？」「一回だけのイベント。楽しいことがいっぱいあると楽しいし、嫌なことが一つあると全部嫌だって思ってしまうことがある」と話した。

ここでは、外国籍児童生徒のチンさんが、クラスで孤立していると思い込み、学校の行事に参加したくないことをバイリンガル相談員のDさんに相談しています。Dさんは、まず、「クラスで孤立しているかどうか」という事実について、チンさんと一緒に問題を整理しながら確認しています。Dさんが取った方法は、チンさんとクラスメートの一人ひとりとどのような関係なのか、確認していくという方法でした。一人ひとりとの関係について確認することは時間がかかることですが、Dさんはチンさんに粘り強く寄り添いながら実際起きている事実を一緒に確認していきました。ここで重要だったのは、事実の確認の際に感情を交えなかったことです。そして事実を確認した結果、クラスの中で実際に関係がよくなかったのはたった二人だけしかおらず、他の人たちとの関係は悪くなく、親切だったということがわかりました。Dさんが粘り強くチンさんと向き合い、事実を確認したことで、実際はチンさんが考えているほど多くの人との関係が悪いわけではなく、むしろ多くの人たちとの関係はよかったことがわかったのです。

何かトラブルが起きた時、不安な心理状態だと当事者は小さな問題でも大きな問題として捉えてしまいがちです（図4-4）。ここに挙げた相談では、チンさんは本当は関係がよくないのは二人のみだったのにもかかわらず、クラス全体の人たちと関係が悪く、孤立していると思い込んでいました。そして、その思い込みから、行事に参加したくないという選択をしようとしたのです。大きな問題ではないのに大きく捉えてしまい、その思い込みでさらに自分自身を孤立させてしまうという負のスパイラルにはまってしまうところだったのです。

バイリンガル相談員にとっては、当事者の小さな「声」に耳を傾け、

図 4-4 実際より大きな問題に捉えてしまう

当事者に粘り強く寄り添いながら、当事者の直面している問題を一つひとつ整理していくことが重要であるといえます。

4-10 問題を視覚化する

学校でサポートしているDさんは、子どもの悩みを解決しようとする時について、以下のように述べています。

> （子どもと一緒に）問題を四つの側面（努力したこと、足りないこと、今の悩み、努力の方向）に分けて、視覚化する方法を取っている。視覚化することによって生徒自身が問題の状況を把握し、客観的に捉えることができるようにサポートしている。

Dさんは、図4-5のように悩みを視覚化しながら問題を整理していると述べています。

まずここで注目したいのは、Dさんが問題や課題を視覚化しながら子どもと共有していることです。ただ話すのではなく、視覚化することによって、両者がともに何が問題であるのかを確認することが可能になります。また、相談場面では、相談者が混乱していて自分で何を話しているのか、わからなくなる場合があります。視覚化されることで、問題や課題を冷静に把握することが可能になるでしょう。

次に注目したいのは、Dさんが悩みや足りないことだけに着目しているのではなく、これまで努力してきたこと、今努力していることにも着

努力したこと	足りないこと
今の悩み	努力の方向

図4-5　視覚的な工夫（Dさんへのインタビューをもとに作成）

目していることです。相談場面では、ともすれば悩みや問題といったネガティブな面のみに着目しがちですが、Dさんは、悩み事や問題といったネガティブな面だけに集中せず、これまで努力したことや、今後の努力の方向性といったポジティブな面も同時に共有しています。そして、その中で、今の悩み、自分に足りないことを確認することによって、当事者の生徒が問題や悩みそのものを広い視野から相対化してみることができるようになるのです。「相談場面」が悩みや問題を解決する場だけではなく、当事者の生徒にとって自分自身をふりかえり自己肯定感を持つチャンスの場になったといえます。相談することによって子どもが自信をとりもどし、将来に向かって歩くことができるようになったともいえるでしょう。

さらに注目したいのは、Dさんは、問題や課題を整理する際に、現在の状況だけではなく、過去、未来も含めて広い視野で捉えている点です。相談場面では、ともすれば、「現在、起きていること」のみに着目しがちです。現在の問題のみに着目するのではなく、過去に努力してきたこと、今後どのようにありたいか、そのためにはどのようなことが必要かといった過去と未来にも着目することによって、自信を持ち、将来のステップについて考えることが可能になるのではないでしょうか。このように問題を「現在」の視点だけではなく「過去」「未来」の視点も含めて捉えていくことは、相談場面においても必要といえます。

バイリンガル相談員は、外国人相談者の悩みを聴くだけではなく、相談者が自分自身をふりかえり、自己肯定感を持ち、未来をつくりだしていけるようサポートする役割も持っているといえるでしょう。

4-11　問題は小さいうちに相談を

外国人の生活相談に携わっているバイリンガル相談員のＥさんは、次のように語っています。

> 私の母国の人は我慢強くて自分でやろうとしてしまう。問題が大きくなるまで我慢してしまうので、大きくなってから相談にくることが多い。もっと最初に、問題の小さいうちに相談してもらえればいい。

Ｅさんは、同じ出身国の相談者の立場に立ち、「我慢強く」「問題が大きくなるまで我慢してしまう」という国民性があると述べています。「すぐに相談するか、相談せずに一人で解決しようとするのか」についての程度は、個人差もあるのではないかと思います。自分で解決できる小さなことでもすぐに人を頼って相談する人もいれば、すべて自分で解決しようと思うあまり、相談せずに、問題が大きくなるまで自分で抱え込んでしまう人もいるでしょう。また、相談に行っても、あまり具体的なことまで詳しく話したがらない相談者もいれば、聞かれてもいないことも含めていろいろと話したがる相談者もいます。

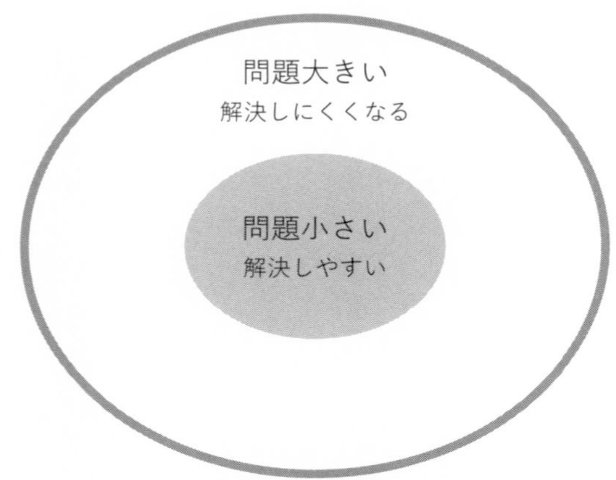

図４-６　問題は小さいうちに相談を

Eさんは、「問題が大きくなるまで我慢せず」「問題が小さいうちに相談する」必要性について述べています（図4-6）。相談者も相談員も一人の人間であり、相談場面は人間同士のコミュニケーションです。相談者も「どの程度の問題の大きさになったら相談に行くのか」「相談場面でどの程度問題について話を打ち明けるのか」について、一人ひとり異なるでしょう。相談員もこうした違いが相談者個々によってあることを意識していくことが大切でしょう。そして、相談者が必要な時には、すぐに相談にくることができるよう、相談窓口が「行きやすい」あるいは「連絡しやすい」場所である必要があります。

第4章のまとめ

第4章では、「バイリンガル相談員のコミュニケーション支援」について述べてきました。バイリンガル相談員は、「表現の仕方を調整する」「母語でゆっくり丁寧に説明する」「システムについて説明する」「不安な気持ちに寄り添いながら聴く」「事実を伝え長期的に考える」「ゆっくり整理しながら理解する」「受身的に聴く」「問題を視覚化する」「選択肢を提示する」など、さまざまな工夫をしながらコミュニケーションを行っていることがわかりました。それぞれ工夫をしながらも、相談者に寄り添いながらコミュニケーションを行っているといえます。

第５章　バイリンガル相談員の複数の言語によるコミュニケーション

バイリンガル相談員は、複数の言語をどのように駆使しながらコミュニケーションしているのでしょうか。

5-1　複数言語の使い分けのコミュニケーション

バイリンガル相談員が相談者に対して複数の言語（母語と日本語など）を使い分けながら支援しているという語りがみられました。

複数の言語の使い分けについては、欧州評議会の「複言語・複文化主義」の考え方が参考になります。欧州評議会（2001）は、複言語・複文化能力について「コミュニケーションの目的に応じて言語を使い分けたり、異文化間の相互行為に参加できる能力。複数の文化の経験や言語の中でさまざまな程度に変化させることのできる能力」としています。こうした力はバイリンガル相談員にも必要だといえるでしょう。ではバイリンガル相談員は、どのように複数の言語を使い分けているのでしょうか。彼／彼女たちの複言語・複文化能力について。語りをもとにみていきましょう。

1　授業内は日本語、授業外は母語

小学校で外国籍児童に支援をしているバイリンガル相談員のＦさんは、自分自身の言語の使い分けについて、「授業内では日本語、授業外では母語と使い分けている」と述べています。授業外での母語でのコミュニケーションについてＦさんは次のように述べています。

> 雑談もあるし、○○したい、○○で遊びたい、遊びたくないのかどうなのか、家のことを話したり、親がどうしたとか、妹がどうしたとか、何を買ってもらったとか、そういう話をする。

Ｆさんは教室で教科や日本語を勉強している場面では日本語で対応していますが、上記のように教室外では児童の母語で話していると述べています。教室外でＦさんが話している内容は主に雑談ですが、プライベートなこと、身近な出来事、感情などについての内容であることがわかります。おそらくこの児童は、母語で雑談している場面では、素の自分自身を出しているのではないかと予想されます。個人的で日常的な話題について、母語で相談員と話すことは、安心感を生むことにつながるのではないでしょうか。ここで注目すべきは、Ｆさんが、日本語と母語を話すバイリンガル相談員として、日本語と母語を場面によって使い分けていることです。この児童にとっては「Ｆさん＝母語のみを話す人」ではなく、「両方の言語を話す人」であり、児童自身もＦさんとの会話で使用する言語を場面によって使い分けているということができます。

2　トラブルの時は母語、雑談は日本語

地域の外国籍児童生徒の学習支援をしているバイリンガル相談員のＧさんは、次のように使い分けをしていると言います。

> 喧嘩などのトラブルの時や、こみいった内容を説明する時、正確に伝える内容がある時は母語を使い、雑談の時は日本語を使って話している。

喧嘩のようにコミュニケーションの中で摩擦が生じた時には、さまざまな複雑な感情が伴い、複雑なやりとりをしていかないと解決できない場合があります。自分ではあまり強い意味で言ったわけではなくても、相手には強く響いてしまい、それに気づかない時もあるでしょう。また、思ったように言葉を出せないことでストレスがたまって行動に出てしまう場合もあるかもしれません。例えば、相手がどんな状況で、自分はどんな気持ちで、どんなことが起きたのかなど、言葉の意味の微妙なニュアンスがわからないと、さらなる誤解を生みかねません。感情を表す言葉も、さまざまな語彙を知っている場合と知らない場合では表し方に違いが出てくるでしょう。コミュニケーションの中で摩擦が生じる場

面では、日本語が不十分な生徒の場合は、母語の方が正確に相手に気持ちや事実を伝えることができるのではないかと思います。

また、Gさんは、複雑な内容や正確に伝える必要のある内容は、母語で伝えていると述べています。日本の学校に通う日本語が不十分な外国籍児童生徒にとって、学校からの通知のような複雑な内容や、何度か複雑なやりとりが必要な場合などは、日本語でやりとりをするのは難しいかもしれません。また、正確に伝えないと、学校生活を送るのに支障をきたす場合もあるでしょう。そのような時には、母語で伝えた方が正確に伝わりやすいでしょう。

Gさんの場合、子どもとの雑談は日本語で行っているといいます。雑談の場合は、誤解が生じる場面とは異なり、多少の失敗はあっても円滑にコミュニケーションしやすいと思います（図5-1）。

前述した相談員のFさんは、場面によって日本語と母語を使い分けていましたが、ここで述べた相談員Gさんは、話す内容によって日本語と母語との使い分けを行っています。このように、それぞれの相談員が、個々に、場面や内容などの違いで、日本語と母語を使い分けています。さまざまな場面、状況、相手（子ども）が想定される支援の現場において、相談員は、日本語と母語をその都度最も適した方法で使い分けているようです。

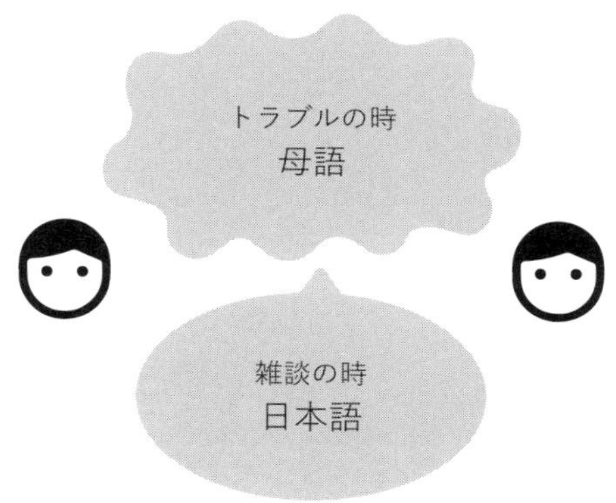

図5-1　トラブルは母語　雑談は日本語

3　用語は日本語、説明は母語

生活相談のサポートをしているバイリンガル相談員のＬさんは、次のように複数の言語の使い分けについて述べています。

> 「国民保険」や「児童手当」のような名前は、できるだけ日本語でそのまま伝えるようにしている。母語ではできるだけ制度の説明をする。なぜなら、（外国人相談者が）できるだけ一人でできるようになってもらいたいので。何もできなくて他の人に任せてしまうのではなく、自分自身に誇りを持っていくことが大切だと思う。

外国人相談者にさまざまな用語を伝える場合、母語に訳して伝えるのか、それともそのまま日本語で伝えるのか、迷うところです。日本語で伝えるとしても、やさしい日本語に言い換えるという方法もあります。Ｌさんは「児童手当」という用語を母語に置き換えたり、やさしく言い直すのではなく、そのまま相手に伝えていると述べています。そこには、相手にその用語を日本語で覚えてもらい、生活者として自立してほしいという思いがあります。「外国人相談者が結果的には自立して日本で社会参加していく」ために相談員はサポートをしているという視点は大切だと思います。ただ、外国人相談者の日本語のレベルは、実際はさまざまでしょう。全く日本語ができない場合は、母語での説明が有効かもしれません。また、少しだけできる場合には、やさしく置き換えた方が相手にとってわかりやすいかもしれません。状況に即した柔軟な対応を心掛けたいものです。

5-2　母語を使ったコミュニケーション

5-1では、バイリンガル相談員が、相談者に対して状況に応じて母語を使用してコミュニケーションを行っているという語りが見られました。では、どんな場合に母語でコミュニケーションを行っているのか、詳しくみていきましょう。

1　感情や理由を聴く場合

学校で外国籍生徒を支援しているバイリンガル相談員のIさんは、次のように述べています。

> ふだんは簡単な日本語を使っているが、（生徒から）感情や理由を聴く時には、母語を使っている。

まだ不十分な言語で話す場合、感情を表現するのは難しいといえます。例えば、「友達がなかなかできなくてつらい」ということを伝えようとする場合、「つらい」という言葉がわからないと、相手に自分の感情を伝えることができません。つまり、「つらい」「さびしい」「楽しくない」「つまらない」などの語彙やこれらの意味についてもよく知っている必要があるのです。微妙なニュアンスの違いがわからないと、自分の感情が伝わらず、誤解を招いてしまうこともあるでしょう。そこでIさんは、感情を聴く場合は母語を使っていると言います。

また、理由を聴く時にも母語を使用しています。何か意見を述べる時の理由、賛成や反対の理由など、理由を述べる場面は日常生活や学校生活の中でよくみられます。しかし、理由を述べる文は、単に事実を述べる文とは異なり、相手を説得する意味を含む場合があります。なぜそう思うのか、どうしてそう行動したのかといった理由がうまく相手に伝わらないと、相手を説得できず、相手との関係が悪化してしまう可能性があります。そのため、理由を聴く際には、Iさんは母語を使っていると述べています。

もし児童生徒が日本語が不十分な場合、理由や感情のように、内容が複雑で、誤って伝えると相手との関係にも影響するような表現については、母語で伝えた方が正確に伝わり、コミュニケーションの齟齬が生じにくいといえるでしょう。

2　個人的な内容を聴く場合

学校で外国籍児童生徒を支援しているバイリンガル相談員のJさんは、次のように述べています。

（子どもは）日本語ができても、自分の悩みを話すのは母語。担任の先生にも言えない内容の時は母語になる。

外国籍の児童生徒にとって、個人的な悩みを人に聴いてもらうのは、なかなか難しいことかもしれません。例えば、いじめにあっている生徒がいたとします。その生徒の日本語が不自由であれば、担任の先生に日本語でその状況や自分自身の感情や悩みについて詳しく説明するのは難しいでしょう。また、実際には、いじめを受けているわけではないのに、言葉が通じないために、いじめを受けていると思い込んだり、あるいはその逆もあり得るかもしれません。しかし、もし母語でこうした悩みを打ち明けることができれば、一人で抱え込まずにすみますし、誤解があれば、それに気づくこともできるでしょう。こうした状況においては、母語で悩みを打ち明けることのできるバイリンガル相談員の存在は、生徒にとって心強いものと考えられます。母語でJさんに個人的な悩みを打ち明けることができた生徒は、心に抱えていたストレスを減らせたことでしょう。

小中学校で支援をしているバイリンガル相談員の中には、学校での勉強の支援だけではなく、このように母語を駆使しながら外国籍児童生徒の抱えている悩みやストレスを聴いているケースもみられます。日本語のみを話す教員ではなし得ない役割を、バイリンガル相談員は担っているといえるでしょう。

3　制度の説明をする場合

バイリンガル相談員のAさんは、労働に関する相談で、制度などについて具体的な説明をする場合には母語を使用すると述べています。

ほとんど電話でそのお話を聴いて、制度を説明する。母語でその制度を説明してできるだけ外部の機関につなげたりする。

Aさんは、この場面では外国人相談者から電話で相談を受けていますが、母語で制度の説明をしたり、外の機関につなげることをしていると述べています。異文化で働いていると、出身国・地域との制度の違いによりさまざまな誤解が生じる場合があります。また、制度等の仕組みがわからないと、問題を解決するためにどの機関にアクセスすればよいかすらわからないでしょう。こうした制度や外の機関の情報は、できるだけ正確に伝えていく必要があります。そこでAさんは、こうした制度についての説明や、外の機関につなぐ場合に母語を用いているのです。

Aさんは、具体的にどのように母語で相手とやりとりをしているのかについて、以下のように述べています。

> できるだけその話を聴く。母語で話を聞いて理解できるように、わかるまで説明するというサポートをした方がいいかなと思う。

Aさんはこの場面で、まずできるだけ相談者の話を聴くと述べています。母語で相談にのる際、「聴く」ことを重視しているのです。相談場面では、まず相談者が自分の悩みや問題について語るところから始めます。日本語が十分ではない相談者が、自身の置かれた状況を説明し、何に悩み、何を問題だと感じているかを語ることができるのは、やはり母語でだと思います。話を聴いてくれる相談員が同じ母語話者であれば安心できるだろうことは想像に難くありません。そしてAさんは、「わかるまで説明する」と述べています。Aさんの語りは、相談場面において相談員は、一方通行で話をするのではなく、相手が理解できているかどうかを重視し、双方向で話をすることが重要であることを示唆しています。日本語が不十分な相談者とのやりとりの場合、双方向でコミュニケーションするために母語を用いることも有効であるといえるでしょう。

5-3　複数の言語の融合のコミュニケーション

バイリンガル相談員が複数の言語を融合したり調整したりしながら相談者とコミュニケーションをしているという語りがみられました。では、どのように複数の言語を融合したり調整したりしているのでしょうか。以下では、そのような語りについてみてみましょう。

1　両言語混ぜることで安心できる

学校で外国籍児童生徒を支援しているバイリンガル相談員のJさんは、次のように述べています。

> （児童が）日本生まれでも、日本語で話しても途中で母語になったりする。両方混ぜて話せるのが子どもにとって安心できるようだ。

Jさんは、対応している児童生徒について、日本語と母語を混ぜながら話していると述べています。そして、一つの言語だけではなく複数の言語を融合させて話すことが、本人にとって「安心できる」状況であるようだと述べています。日本語あるいは母語だけでコミュニケーションをとっていては、この生徒は伝えたいことを十分に伝えられないのかもしれません。両方の言語を使うことで伝わる自分の言いたいこと。同じ二言語を話せるバイリンガル相談員のJさんと両方の言語を使って話せることが、この生徒の安心につながっているようです。

2　相談者側からの言語選択

バイリンガル相談員のKさんは、母語以外の言語も用いて支援をしており、次のように述べています。

> X語話者の相談者は、（こちらに対して、自分（Kさん）の母語である）Y語を交えて話してくれる。

相談員のKさんは、おそらく母語のY語の方がX語よりも得意なのでしょう。相談者自身はX語が母語であるため、最も得意なのはX語であるはずなのですが、相談員の母語に合わせてY語を交えながら話しているというのです。ここで着目したいのは、複数の言語のうち、どの言語で話すか、あるいは交えて話すかという選択は、相談員側だけが行っているのではなく、相談者も主体的に行っている点です。相談員のみが使用する言語を選ぶ主導権を持っているのではなく、相談者側も使用言語を主体的に選択しながらコミュニケーションしているのです（図5-2）。

図5-2　相談者側からの言語選択

相談場面は、相談員と相談者の双方向のコミュニケーションで成り立っているといえます。

5-4　言語レベルや表現の調整

バイリンガル相談員、状況に応じて表現や言語レベルを調整しているという語りがみられました。以下で具体的にみてみましょう。

1　「フィルター」をかけて通訳する――コミュニケーションスタイルの調整

生活相談に携わっているバイリンガル相談員のLさんは、次のように述べています。

> 自分の母国では、とてもストレートな言い方をする。日本人の場合は「～かな」という言い方をすることが多い。（母国の人の言い方を）そのまま日本人に対してストレートに通訳すると、日本人の人は気を悪くする。翻訳や通訳は（母語で）言われたことをそのまま（日本語に）訳すと喧嘩になってしまう。そのため、「フィルター」をつけるように表現している。ある程度両方が平和的で、お互いの文化や気持ちの違いをわかってやることが大切。「あなたも大変だけどこちら側も考えてください」という言い方で話すと怒っている顔が穏やかになる。話を深くすることができ、理解してもらえる。

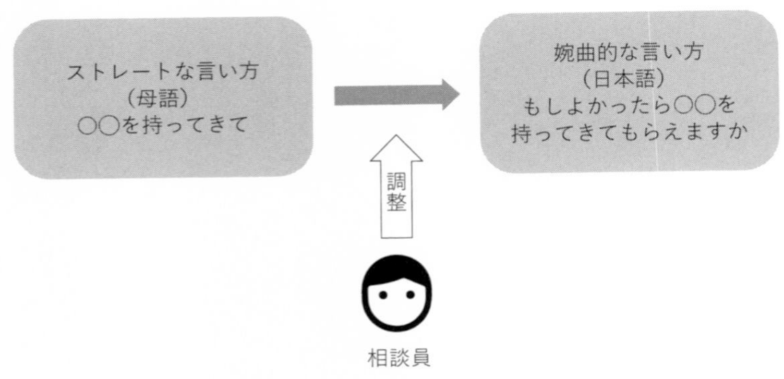

図5-3　言語表現の調整

Ｌさんは、母国では非常にストレートなコミュニケーションスタイルが一般的であるため、直訳するとやわらかく婉曲的な日本語のコミュニケーションスタイルとの間に摩擦が生じてしまうと述べています。例えば、あなたが他の人に「〇〇を持ってきてもらいたい」と思い、それを頼む場面を想像してみてください。「〇〇を持ってきて」という言い方と「もしよかったら〇〇を持ってきてもらえますか」という言い方では、ニュアンスが違うでしょう。そこでＬさんは、「フィルター」をかけて、母語のストレートな部分を日本語の婉曲的なスタイルに調整しながら訳していると述べています（図5-3）。

Ｌさんは、このような調整を行うことで、当事者間のコミュニケーションが円滑に行われるようにサポートしているといえます。バイリンガル相談員は、このようにコミュニケーションスタイルの違いに対しても意識化し、調整していくことが必要でしょう。

またＬさんは、お互いに共感しながらコミュニケーションをしていくことの重要性も述べています。バイリンガル相談員は、相談場面のコミュニケーションで、日本人や相談者との間で相互に共感しながら進めていくことが大切といえるでしょう。

2　「わかりやすい母語」への調整

また、外国人相談に携わっているバイリンガル相談員のＭさんは、次のように述べています。

> 日本にいる同国出身者に対しては、わかりやすく、ストレートな母語を使うようにしている。丁寧な母語だと伝わらない。

相談員のMさんは、相談者に対して母語で話す場面では「ストレート」で「わかりやすい」母語へと調整していると語っています。しかし、同じ母語を話しているのに、なぜそのような調整が必要なのでしょうか。この点については少し説明が必要かもしれません。

例えば、長年海外に住んでいる人がいるとしましょう。その人が母語よりも現地語をよく使う環境にいたとしたらどうでしょうか。人にもよるでしょうが、むしろ母語よりも現地語の方が得意になってしまうことも考えられます。ともすれば、「母語話者」の母語は均一なレベルと捉えてしまいがちですが、実はそのレベルは、均一ではなく、多様性があるのです。

Mさんが「ストレート」で「わかりやすい」母語に調整しているのは、相談者の母語のレベルが多様であることを前提として、「どのレベルだと受け入れられやすいのか」考えているからでしょう。バイリンガル相談員は、個々の相談者が多様なレベルの母語を話すことを理解したうえで、相手に伝わるような調整を行うことが求められるでしょう。

3　受動態から能動態へ——文法のレベルの調整

生活の相談に携わっているバイリンガル相談員のLさんは、次のように述べています。

> 日本語は書くものが多く、特に受身で書いてあるとわかりにくい。例えば、子どものトラブルで「○○さんに、○○された」と書いてあるとうちの子どもがやったのかやられたのかわからない。日本語では「〜された」はいじめられているニュアンスがある。保育園の先生には「あなたの子が○○さんにやりました（手を出した）」のようにはっきり言うように伝えた。保護者からは「やっと意味がわか

った」と言われた。

Lさんは、「受身」（=受動態）の表現の多い日本語だと意味が伝わりにくいため、能動態に変えて伝えることの大切さについて述べています。つまり、バイリンガル相談員は、文法のレベルを調整することも視野に入れているのです。Lさんの述べるように、受動態の伝え方だと動作の主体が誰なのか伝わりにくくなってしまう場合があります。そのため、「誰が」、「誰に」、どうしたのかという部分が理解できないままになってしまいます。特に主語をはっきり伝える必要がある場合は、能動態の方がわかりやすいといえるでしょう。

バイリンガル相談員が、日本語と母語、双方の文法やコミュニケーションの特質を理解したうえで、状況に応じて調整しながら支援していることは、注目に値します。

4　ストレートに言うことの難しさ

相談者にストレートに言うことの限界を感じたという相談員のケースもあります。医療通訳をしているバイリンガル相談員のRさんは、医療現場で通訳をすることの難しさについて次のように述べています。

> 研修を受ける前は、役割が難しかった。個人で雇われている場合（例えば相手が友達の場合も含めて）、相手（医者）の言葉を患者にストレートに言えなかった。先生（医者）があと一か月しかないとストレートに言う時もある。

ここでRさんは、医療通訳をした時のエピソードについて語っています。研修を受ける前は医者がストレートに（例えばあと一か月しかもたないなど）言う内容を、患者に対してそのまま伝えられなかったと述べています。また、語りの中の補足にもあるように、友人や知り合いに頼まれて医療通訳をした場合には、なおさら深刻な内容を伝えることがつらいでしょう。このようにバイリンガル相談員の場合、「一人の個人としての立場」と「相談員としての立場」の狭間での葛藤を感じ、相手に伝えるべきかどうかジレンマを感じる場合もあるのです。特に医療のように、深刻な内容をストレートに伝えなければならない場面などでは、より難しさを感じながら支援をしていることがあります。

第5章のまとめ

第5章では、バイリンガル相談員が、複数の言語を状況に応じながら駆使していることがわかりました。例えば、トラブルの時は母語、雑談は日本語のように、状況に応じて複数の言語を使い分けていることが挙げられました。また、両方の言語を融合させたり、「フィルター」をかけて通訳したり、言語レベルや表現を調整しながら通訳している状況もみられました。バイリンガル相談員は、さまざまな工夫をしながら、言語を調整したり、融合したり、使い分けたりして支援を行っているといえます。

第6章　文化間の「橋渡し役」としてのバイリンガル相談員

バイリンガル相談員は、どのように「文化の違い」の橋渡しを行っているのでしょうか。

バイリンガル相談員の重要な役割の一つとして挙げられるのは文化間の「橋渡し役」です。外国人相談者は、異文化で生活する中で、さまざまな文化の違いによるカルチャーショックを経験します。

ベネット（Bennet, M. 1993）は、異文化に対する個人の意識の発達段階を6段階に分けていますが[注1]、このうちDenial（否定）は違いそのものを否定している段階で文化的差異に気づいていない状況としています。相談の場では、相談者がDenialの状態で「文化の違い」に気づかないがために摩擦が生じる場合もあります。バイリンガル相談員は、文化差に気づいていないレベルの相談者に対しては、「文化差に気づかせる」役割があるといえるでしょう。また、例えばDefense（防衛）の状態の相談者に対しては「どのように文化差に対して対応していくか」について考え、対応していく役割もあるといえるでしょう。以下では、文化間の橋渡し役としての相談員の役割について、相談員の語りをもとにみていきましょう。

6-1　学校文化の橋渡し

学校のサポーターとして外国人児童生徒を支援しているバイリンガル相談員のOさんは、学校の先生と保護者の橋渡しについて、次のように述べています。

親は、日本の方が母国よりも宿題がないと言っている。母国の方が宿題が多い。親から、もっと子どもに宿題を出してほしいといわれる。

宿題の量の違いについては、国の間で異なる場合があります。もし宿題が少ない国から多い国に来て学ぶ場合、宿題の多さにプレッシャーを感じてしまうでしょう。しかし、もし宿題が多い国から少ない国に来て学ぶ場合、物足りなさを感じるのではないでしょうか。ここでOさんは、「(日本では) 宿題の量が少ない」と感じている外国人児童の保護者の言葉を教師に伝える役割を果たしています。つまり、学校文化の橋渡しという役割を担っているといえます。おそらく教師は、Oさんの存在がなければ生徒の母国の学校文化との違いを知ることはできなかったでしょう。そういう意味で、Oさんの役割は文化間の橋渡しであると同時に(教師に対して) 文化についての気づきを促すという役割も担っていたといえます。

このように文化間の橋渡しを行うと同時に、双方に文化差についての気づきを促すのもバイリンガル相談員の一つの側面です。

6-2 葬儀の方法に関する文化差の橋渡し

外国人の生活相談を行っているバイリンガル相談員のPさんは、葬儀の際の文化差に関して以下のように語っています。

日本では亡くなった人を病院から家へいったん連れて帰るが、母国では病院から直接火葬場へ運ぶ。病院のソーシャルワーカーの人に説明して母国のやり方にしてもらった。日本では白い着物を亡くなった人に着せるが、母国では新しい下着、服、コート、靴をはかせる。このことを日本の看護師さんはわからなかったので、(自分が) 説明した。手の組み方は日本のやり方にした。母国では骨を拾わないが、日本のやり方にしたがって骨を拾った。

もし、あなたが自分の育った地域や国とは別の場所で家族の葬儀を出さなければならなかったら、どんな状況になるでしょうか。葬儀のやり方、ふだんの生活では知りえない細かいしきたり等に戸惑ってしまうのではないでしょうか。

相談員のPさんは、相談者の身内の葬儀の方法について、母国と日本のやり方に違いがあることを日本人のソーシャルワーカーや看護師に説明しています。「病院から直接遺体を家に運ばない」という点では母国のやり方にし、納棺で着せるものは母国式にし、手の組み方や骨上げについては日本式を取り入れたと言います。相談員のPさんは、相談者の文化と日本の文化の双方を知る者として、双方のやり方のどの部分をどのように取り入れたらよいかについて、丁寧にソーシャルワーカーや看護師、当事者と向き合い、調整しながら決めています。もしPさんがいなければ、日本人のソーシャルワーカーや看護師と外国人相談者との間には、原因がわからないまま誤解や摩擦が生じてしまったでしょう。Pさんは、日本人のソーシャルワーカーや看護師と、外国人相談者との間の文化差の橋渡しをしていたといえます（図6-1）。

ここで着目したいのは、「母国の方法」か「日本の方法」どちらかにすべてのやり方を決めてしまうのではなく、一つひとつ（例えば、遺体の運び方、納棺の仕方、骨上げなど）について、それぞれのやり方のどちらを取り入れるかについて、丁寧に違いを説明した上で確認をしているところです。Pさんが橋渡しをすることによって、日本人のソーシャルワー

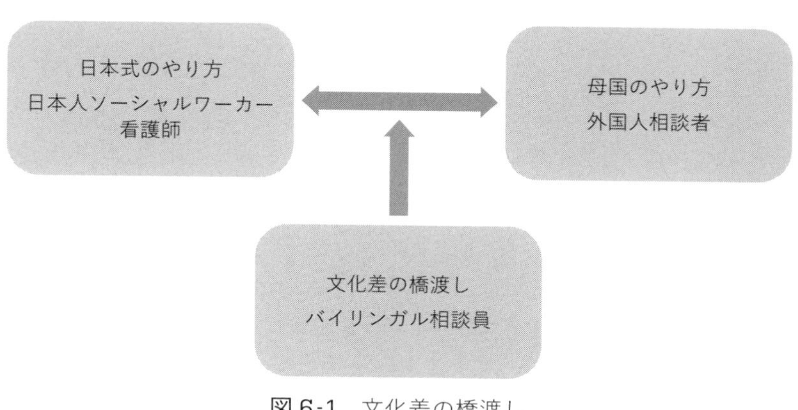

図6-1　文化差の橋渡し

カーや看護師は外国人相談者の国の慣習やしきたりを学ぶ機会となり、また外国人相談者とのやりとりもスムーズになったことでしょう。また外国人相談者にとっても、異国にいながらすべて日本のやり方に合わせるのではなく、自国の文化の方法を部分的に取り入れながら、納得のいく方法で葬儀を行うことができたのではないかと思います。

このように全く習慣の異なる文化間の橋渡しを行うことがバイリンガル相談員の重要な役割の一つといえます。その際、双方に対して文化差について丁寧に説明し、相手に文化差についての気づきを促すことが重要です。同時に、どのような方法が最も望ましいのか、双方に丁寧に耳を傾けながら考え、対応していく必要があります。バイリンガル相談員は「異文化間のメディエータ（仲介者）」の役割を果たしているといえるでしょう。

6-3　医療システムの文化差の橋渡し

日本人医師JNさんは、医療の現場でバイリンガル相談員が以下のようにサポートしていると述べています。

> 受付をしてちょっと医者と話しただけなのにどうして診察料を取るのとか、母国では前払いなのに日本では診察後に支払うといった支払い方が違うことについて、サポーター（バイリンガル相談員）の人に説明してもらっている。

JNさんは、バイリンガル相談員が、外国人相談者に対して医療費の支払い方の違い（例えば診察前か後か）などの文化差について説明をしていると言います。医療において他にもさまざまな文化差があるとJNさんは述べています。

> 国によっては、処方する薬や注射器をあらかじめ本人（あるいは家族）が購入して病院に持って行き診察を受ける場合もある。また、薬の処方の仕方も、国によっては弱い薬から徐々に強い薬を処方する場

> 合もあれば、最初から強い薬を処方する場合もある。これらの違いに戸惑う外国人患者に対してサポーターに説明してもらっている。

JNさんは、医療の現場では、国によって注射器を持参するか否かという違いや薬の処方の仕方の違いがみられると述べています。もし注射器を持参する国で、患者が注射器を持参しなかった場合は、医療関係者は戸惑うでしょう。また、日本のように弱い薬から処方する国で、強い薬から処方する国から来た患者が診察を受けた場合、「自分が外国人で日本語が話せないから、こんな弱い薬での処方しかしてくれない」「何か伝え方を間違って強い薬を処方してくれない」と誤解してしまうかもしれません。このような誤解を防ぐために、バイリンガル相談員が薬の処方の違いについて、あらかじめ外国人相談者（患者）に対して説明しているとJNさんは言います。

また、「栄養の取り方の文化差」もあります。バイリンガル相談員のCさんは、乳児の支援について次のように述べています。

> 看護師と一緒に（外国人の）自宅を訪問した。（日本の）離乳食の量や種類が母国と違う。例えば、カルシウムの取り方も日本と母国では違う。

Cさんの語りにあるように、乳児の育て方においても、離乳食の量や種類、栄養の取り方などについて文化差があるようです。外国で出産し子どもを育てるのは不安が多いと思いますが、このような文化差については、暗黙の了解になっていることが多く、特に地域で孤立して情報がない場合、改めて知識を得ることが難しいと思います。Cさんは日本人の看護師とともに外国人相談者の自宅を訪れ、こうした栄養の取り方や離乳食について支援を行っているのです。言葉や習慣の異なる国で安心して子どもを育てていくために、バイリンガル相談員や看護師の存在は重要だといってよいでしょう。

バイリンガル相談員は、このように医療の文化差についての「橋渡し」役としても重要な役割を果たしています。

[注1] ベネット（1993）の異文化センシティビティモデル（A Development Model of Intercultural Sensitivity）

ベネット（1993）は、異文化に対する個人の意識の発達段階を次の六つの段階に分けています。

Denial……………違いそのものを否定している段階で、文化的差異への気づきがない。

Defense…………違いに気づき、違いを防衛しようとする段階。異なったものから自分を守るために相手を否定的にみたり優越感や劣等感を持つ。

Minimization…違いを最小化していく段階で、表面的な差異を文化差として認めるが共通面の方が強調される。

Acceptance…..違いを受容する段階。

Adaptation……違いへ適応していく段階。相手の視点から物ごとをみたり感じたりすることができる。

Integration…….違いとの統合の段階。状況に応じどちらの世界観からも対応することができる。

第6章のまとめ

第6章では、バイリンガル相談員が「文化間の橋渡し役」としてさまざまな役割を果たしていることがわかりました。ここでは、学校の「宿題」や、葬儀の方法、医療システムの違いといった文化差の橋渡しの例が挙げられています。文化差に気づいていない当事者に文化差に気づかせるという役割もあれば、文化差でどう折り合いをつけたらよいかということについて当事者の意見を聞きながら解決していくといった役割もみられました。こうした文化差の橋渡し役としてのバイリンガル相談員の役割は、他の日本人の相談員にはなし得ない重要な役割の一つといえます。バイリンガル相談員は、「異文化間のメディエータ（仲介者）」としての役割も果たしているということができるでしょう。

第7章　関係構築の要としてのバイリンガル相談員

バイリンガル相談員は、どのように関係構築の要としての役割を担っているのでしょうか。

バイリンガル相談員は、さまざまな現場で「関係構築」の要としての役割を担っています。ここでは、バイリンガル相談員がどのように関係構築を行っているかについて、みていきたいと思います。

7-1　関係構築の「橋渡し」

バイリンガル相談員は、当事者と外部機関の「橋渡し」を行ったり、さまざまな「つなぐ」役割を果たしています。ここでは、関係構築の「橋渡し」としてのバイリンガル相談員の語りをみていきましょう。

1　当事者と外部機関の橋渡し

バイリンガル相談員は当事者と外部の組織をつなぐための役割を果たしているという語りがみられました。

バイリンガル相談員Qさんは「（バイリンガル相談員は）いろいろなところにつないでいくのが一番大きな役割だと思う」と述べています。バイリンガル相談員は、ただ相談にのるだけでは、当事者の抱えている問題を解決できない場合が多いのでしょう。例えば、労働に関する問題を抱えている場合、労働関係の機関に行く方が解決への近道になります。Qさんの述べるように、バイリンガル相談員はさまざまな外部の機関と当事者をつないでいくという重要な役割を担っているといえるでしょう。

生活相談に携わっているバイリンガル相談員のＥさんは、次のように述べています。

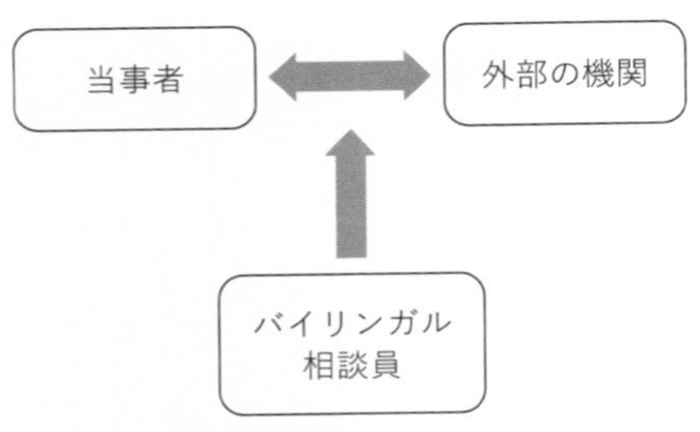

図7-1　外部の機関とのつなぎ役

> 電話相談では、病院や労働の関係機関などにつなぐ役割を果たすことが多い。

Eさんは、相談内容に応じて、当事者と外部の機関（病院や労働関係の機関など）との橋渡しをしていると述べています。外国人相談者にとっては「どこへ相談したらよいのか」わからずに、まず生活相談の窓口（あるいは電話）にアクセスすることが多いと思われます。その時にバイリンガル相談員からしかるべき機関につないでもらえると、抱えている問題の解決に結びつくでしょう。バイリンガル相談員は「つなぎ役」として重要な役割を果たしているといえます（図7-1）。

また、生活相談を行っているバイリンガル相談員のUさんは、次のように述べています。

> （相談者は）例えば領事館の番号を聞いてきたりすることもある。相談者の相談内容によっては市役所に行くようにとすすめている。（市役所の窓口で）どこに行けばよいかという情報を伝えている。

Uさんもまた、相談内容に合わせて外の機関につなげると述べています。さらに、Uさんの日本人コーワーカー（バイリンガル相談員と一緒に働いている日本人）であるJVさんは、次のように述べています。

> （バイリンガル相談員は）一人で抱え込まないで、例えばDVの問題は市役所の女性支援課の方に回すなど、抱え込まないことが大切。

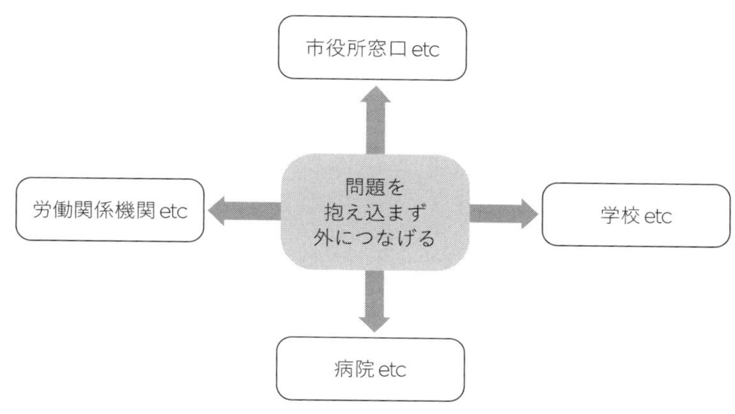

図7-2　問題を外につなげる

JVさんは、バイリンガル相談員であるUさんと一緒に仕事をしていて、バイリンガル相談員自身が問題を抱え込んでしまうのではなく、外につないでいくことが大切だと述べています（図7-2）。バイリンガル相談員が外国人相談者の問題を抱え込まないためには、「相談者自身で何でも解決できる」とは思わず、「相談員が解決できること」「相談員が解決できないこと」を見極めていくことが大切でしょう。そして「相談員が解決できないこと」については、「外につなげることで解決できる」可能性を考える必要があると思います。

2　担任と保護者の「パイプ役」

学校でのバイリンガル相談員と同じ学校に勤めている日本人の職員のJSさんは、バイリンガル相談員について次のように語っています。

> 相談員は、学校とのパイプをつくってくださる。担任と保護者のパイプ役。信頼関係を築いてくださる。人と人のつながりをつくってくださる。パイプの役割は大きい。

外国人児童生徒の場合、本人よりも保護者の方が日本語ができない場合も多く、保護者と担任の間でコミュニケーションができないこともあ

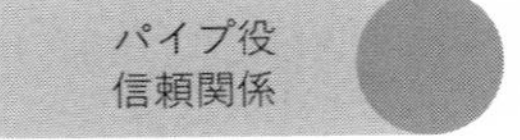

図7-3　パイプ役

ります。また、保護者が日本の学校について理解できていないこともあるでしょう。JSさんは、母語と日本語を話せるバイリンガル相談員の存在は、保護者と担任の「パイプ役」であると述べています（図7-3）。バイリンガル相談員の仲介のおかげで、保護者と担任のコミュニケーションがスムーズになっているのでしょう。さらに、JSさんは、バイリンガル相談員について、「信頼関係」を築く役割を果たしていると述べています。バイリンガル相談員は、単なる通訳ではありません。言葉だけの橋渡しだけではなく、「信頼関係」を築く役割も果たしているのです。JSさんの「パイプ役」という言葉には、その意味がこめられているのではないかと思います。コミュニケーションの基本は両者の信頼関係です。バイリンガル相談員が関わることで、保護者と担任の間で信頼関係をしっかり築くことができ、円滑なコミュニケーションがとれるようになったのだと思われます。

3　「橋渡し」の難しさ

しかし、バイリンガル相談員による「橋渡し」が必ずしもいつもうまくいくとは限りません。以下は学校で支援しているバイリンガル相談員のTさんの語りです。

> 学校と保護者の間で通訳するのは難しい。お母さん、お父さんの立場もありますので、学校（側）にも意見もあるし、子どもは真ん中で結構解決難しいと思います。

Tさんは、保護者と学校の立場の違いの中で通訳することの難しさについて述べています。保護者には保護者の立場や考えがあり、学校側には学校側の立場や考えがあります。両者の間に立って通訳をする場合、単に言語を通訳するのではなく、双方の異なる「立場」の間の橋渡し役も担わなければならないことがあります。Tさんは、この両者の立場の狭間に立つ難しさや葛藤について語っています。

保護者と学校側の意見の違いとして、例えば、子どもの進路に関することなどが挙げられるでしょう。学校側がすすめる進路と、保護者が考えている進路が異なる場合も考えられます。バイリンガル相談員には双方の立場の違いをある程度理解することも求められます。また、学校側と保護者がともに、双方の立場の違いについて理解する必要もあります。双方の立場に違いがあると気づくきっかけとなることが、バイリンガル相談員の「橋渡し役」としての第一歩であると思います。

4　誤解の解消役

誤解の解消役をしたという語りもみられました。学校で支援を行っているバイリンガル相談員のAさんは、次のように語っています。

> 参観日の時に、先生が子どもたちに、親に向かって「ありがとう」とあいさつするように指導して、子どもたちも「ありがとう」と言ったが、（外国人の）親は子どもが早く帰れるからよろこんでいると勘違いしていた。（その親に対して）「それは違いますよ、お母さんが（参観に）来たからよろこんでいるんですよ」と説明した。そのお母さんがみていることと自分がみていることは違うと気づいた。そのお母さんは次の参観日も行きました。

Aさんによれば、参観日に教室で、子どもたちが親に向かって「ありがとう」とお礼を述べたことを、外国人の親が「子どもが早く帰れるからよろこんでお礼を言っている」と誤解していたと言います。Aさんは「子どもたちは、早く帰れるからよろこんでいるのではなくて、親に参観に来てもらったことをよろこんで感謝しているのだ」と伝え、親の誤解を解消させたのです。Aさんは、子どもたちの「ありがとう」というメッセージの意味を誤解していた親に対して、正しい意味を伝える「誤解の解消」の役割を果たしていたといえます。もしAさんの存在がなければ、その親は誤解したままだったでしょう。誤解が解けたことで、「ありがとう」の意味が親に向けられていることを知り、引き続き参観日に参加するようになったのではないかと考えられます。Aさんの存在は、誤解を解消することで、親と学校を「つなぐ」役割を果たしたと考えられます。

5　相談員同士の連携の大切さ

相談員同士の連携の大切さについての語りもみられました。生活相談に携わっているバイリンガル相談員のQさんは、以下のように述べています。

> 例えば、年金についても大切なことだと思いますよね。県内の各市町村、同じ母語の相談員のいるところとかと時々やりとりしている。労働関係機関の相談員とのつながりも大切。向こうから相談も来るし、こちらからも相談にのってもらう。そういう連携は大切だと思う。(他の相談員とは) お互いとても重要な存在。向こうからも相談がくるし、こちらも相談にのってもらう。電話やメールを使って。情報の共有もする。

Qさんは、相談員同士の連携について「向こうから」も「こちらから」も相談し合い、お互いに「重要な存在」であると述べています。相談員同士の連携が一方向ではなく、双方向であることが重要だとしています。また、相談ばかりではなく、情報の共有も行っていることを述べています。

こうした相談員同士の連携 (図7-4) があり、お互いに相談しあう関係ができていれば、一人では答えられない相談者の悩みや解決できない問題の回答を得ることができるかもしれません。

相談者から相談があり、相談員一人だけでは問題が解決できない場合、図7-5のように解決していると考えられます。つまり、問題が起き、相談員で解決できない場合は、外部につないだり他の相談員にたずねて解決につなげているのです。このように外部機関とのつながり同様、相

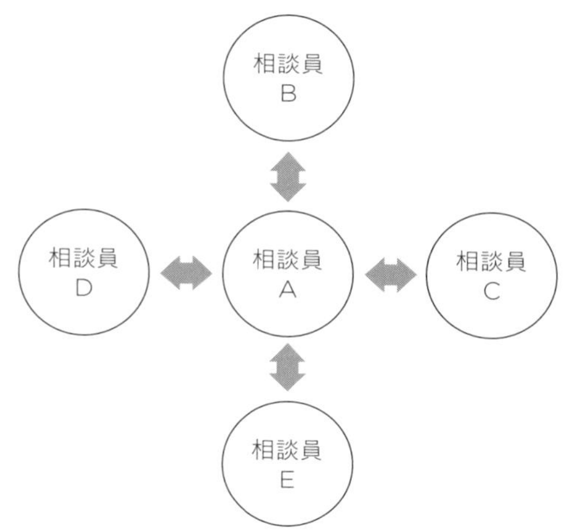

図7-4　相談員同士のネットワーク

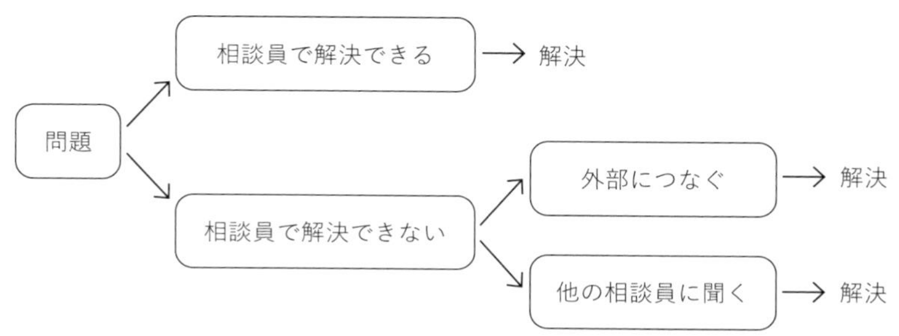

図7-5　相談員の問題解決ネットワーク

談員同士の双方向の連携も、相談者自身の孤立を防ぐ重要な問題解決のネットワークだといえます。

6　当事者同士の日常的なつながりの大切さ

生活相談に携わっているバイリンガル相談員のQさんは、次のように述べています。

災害の講習会の時に、「何か特別なことをその時やるんではなくて、日常的なつながりがあればその中で解決ができる」と言われたが、日常的なつながりはとても大きいと思う。

Qさんは講習会で日常的なつながりの大切さを学びましたが、Qさん自身も日常的なつながりの大切さについて実感していると語っています。災害時に急につながりをつくるのではなく、日常的に当事者同士がつながりを持っていれば、災害時にもそのつながり（ネットワーク）が活きてくるというのです。日常的なつながりが非常時にも生きてくるということは、外国籍住民だけではなく、住民全員にとってもいえることでしょう。

外国籍住民もふだんから近所や他の外国籍住民とつながりを持っていれば、いざ災害が起きた時にも孤立せず、そのつながりの中で助け合うことが可能になるでしょう。バイリンガル相談員は、ふだんの日常生活の中で、外国籍住民が地域から孤立せず、当事者同士でつながりが持てるよう、意識化を促したりサポートするのも一つの役割ともいえるでしょう。

7-2　関係構築の「調整」

バイリンガル相談員の語りには、「関係構築」だけではなく、一定の距離を取ったり、関係を相対化する必要性など、「関係」を調整していくことの大切さについての語りがみられました。以下ではこれらの語りについてみていきたいと思います。

1　一定の距離を持つことの大切さ

生活相談に携わっているバイリンガル相談員のWさんは、次のように述べています。

相手（相談者）と関係を築くことだけではなく、相手と距離を取ったり、相手との関係を調整することも大切。コミュニティに入り過ぎると、支援がしづらくなる。

Wさんは、相談員と相談者が「関係を築く」ことは大切としながらも、「相談者」と「相談員」の関係では、一定の距離を取ったり、関係を調整していくことが重要だと述べています。

これは、「相談者」と「相談員」の関係の場合、「相手と距離が近ければよい」友達のような関係とは一線を画した関係であるのがふさわしいことを示唆しています。また、「（相談者の）コミュニティに（相談員自身が）入り過ぎると支援しづらい」と述べています。相談員が相談者の秘密を遵守することは重要です。しかし、相談者と相談員が同じコミュニティに属している場合、相談者のプライバシーが相談員にわかってしまったり、互いの距離が近過ぎてしまい一定の距離を保ちながら相談にのるということが難しくなる可能性があるといえるでしょう。相談員は、相談にのる時にはあくまで「相談員」「相談者」という関係を保ち、「同じ地域コミュニティの○さんと△さん」という関係にならないようにするべきです。

別のインタビューで、「全く別の地域（他県）に住んでいる外国人から相談があった」という話を聞いたことがあります。おそらくその相談者は身近な地域コミュニティで相談するのではなく、属しているコミュニティとは全く別の地域の相談員に相談をしたかったのだと考えられます。

また、生活相談に携わっているバイリンガル相談員のQさんは、次のように述べています。

> 相談の時、（自分は）中には入らない。制度の説明のみ伝達する。資料を送付したり、電話でのサポートをする。

Qさんは、相談を受ける時には、相手（相談者）のプライバシーには立ち入らず、制度の説明や資料送付、電話でのサポートなどを行う立場を取っていると言います。相談者とは一定の距離を保ち、相談者のプライバシーには立ち入らずにサポートをするという関係を構築しているのです。

また、同じく生活相談に携わっているバイリンガル相談員のBさんは、「（相談後に実際に相談者がどのように決定するかについては）決めるのは相談者である」と述べ、「最終的に相談者がどのように選んだかは、相談者のプライバシー」だと言います。相談員は相談者の決定つまり相談者のプライバシーには立ち入らないことが大切だと述べています。このように、相談員は相談者のプライバシーに立ち入らないよう、一定の距離をもって対応しようとしていることがわかります。Bさんは、相談員と相談者との関係について「家族でもない、友達でもない、他人としての立場。距離を取ることが大切」と述べています。バイリンガル相談員と相談者は、「他人」としての関係であり、一定の距離を置いた関係であると捉えていることがわかります。

2　自立の大切さ

生活の相談に携わっているバイリンガル相談員のBさんは、以下のように述べています。

> （関係機関に）本人（相談者）が自分で行って、相談員がコミュニケーションのみ手伝いするのがよいと思う。本人が自分で行くことが大切。本人が自立することが大切。

Bさんは、相談者が相談員に（関係機関に）「連れていってもらう」のではなく、「自分自身で」行く方がいいと言います。相談員は「コミュニケーションのみ手伝いする」立場で、あくまで「サポーター」という立場でいることを心掛けているようです。そして、相談者自身が「自立すること」が大切だと述べています。Bさんは、さらに次のように続けています。

> 自立するためには、自信が大切。いつも相談員の後ろに隠れるのではなくて、自立してもらうために、「これから日本に住むでしょう。子どももいるでしょう」と言って自信を持ってもらう。自分のことが不安だと「私が外国人だから、日本人が私の言うことを聞かない」と思ってしまう。

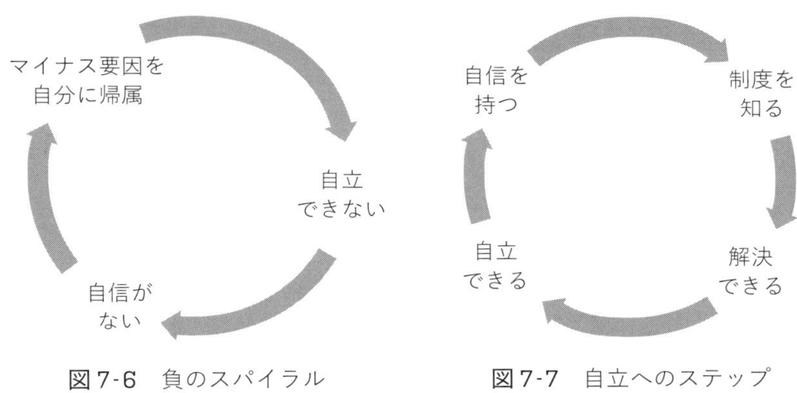

図7-6　負のスパイラル　　図7-7　自立へのステップ

Bさんは、相談者が「自立する」ためには、「自信を持つ」ことが重要だと述べています。そして具体的に自信を持つよう相談者に対してアドバイスをしています。また、自信がなく不安だと、日本人との関わりの中で問題が起きた際に、自分が外国人であることに原因を帰属させてしまうと述べています。

Bさんが指摘しているのは、「自立できていない→自信がない→自分にマイナスの原因を帰属させる」という負のスパイラルになってしまうということです（図7-6）。また、Bさんは、「傷病手当や出産手当金をもらって仕事を続ける方法があることを知ることが大切」だとも話していました。制度について知識を持つことが、自立にもつながるのです。つまり、「制度を知る→解決できる→自立できる→自信が持てる」とプラスのスパイラルに変化させることができると考えられます（図7-7）。

3　関係の相対化

生活の相談に携わっているバイリンガル相談員のXさんは、次のように述べています。

> 相談員は、自分の意見を絶対的なものとして捉えてはいけない。自分の意見はたくさんの相談員の中の一人の意見という捉え方をしてもらうことが大切。

Xさんは、相談者が相談する時に、自分のアドバイスは大勢の相談員の中の一人の相談員のものとして、相対化しながら聴くことが大切であると述べています（図7-8）。バイリンガル相談員にもいろいろなタイプの相談員がいるため、相談者が相談している相談員との関係を絶対的なものとして捉えないことの必要性について述べているのです。相談員からのアドバイスは、あくまで参考に留め、自分の文脈、状況の中で問題を解決していくことの重要性を語っています。

4　相談者の多様性と状況の変化

生活相談に携わっているバイリンガル相談員のLさんは、次のように述べています。

> 相談者には個人差がある。難しい人、フレンドリーな人、隠したいと思っている人、本当のことを言わない人など一人ひとり違う。この仕事は、人をみないといけない。「保険に入るといい」というと、すんなり受け入れる人もいるが、そうではない人もいる。（相談者には）個人差がある。社会の予想しないこともある。経済など状況も変わっていく。この仕事は「人を相手にする仕事」で「生きている

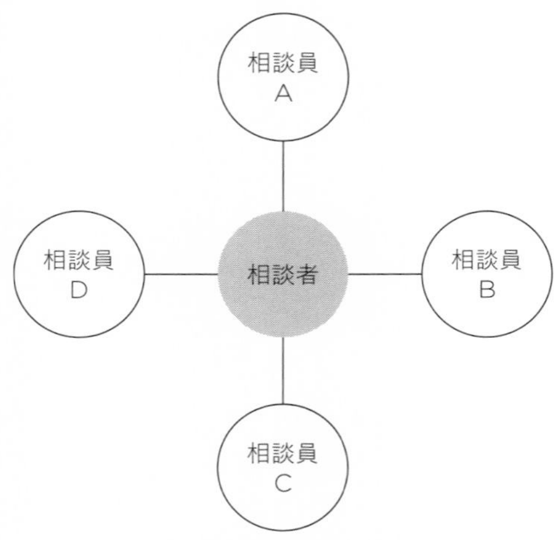

図7-8　相談員の相対化

> 仕事」。状況も同じではなく変わっていく。こちらに来た時は、最初は経済状況がよくて（外国籍住民は）収入がよかった。でもリーマンショックも起きた。こちらの相談の仕方も変えた。

Lさんは、相談者の性格や自己開示の大きさ、行動は一人ひとり異なっていると述べています。相談員に対して正直に話す人もいれば、隠そうとしたり本当のことを言わない人もいるとしています。つまり、相談者は相談員に対していつも自分のことを正直にすべて話しているわけではない、ということを前提に相談にのる必要があることを示唆しています。また、相談員のアドバイスの受け取り方も、相談員のアドバイス通りにする人もいれば、そうでない人もいるように、相談者によって異なると述べています。Lさんの語りは、相談者は一括りにはできず、多様であるということを示しているのです。相談員は、こうした多様な「個」と向き合っている、と捉えていく必要があるでしょう。Lさんは、バイリンガル相談員の仕事について、「人を相手にする仕事」と述べています。相談員は、まず一人の人間として「人間」に向き合う仕事であるといえます。

また、Lさんは、社会の状況の変化や予想しない出来事に応じて相談内容を変えていくことについても述べています。相談員の仕事は固定固定的なものではなく、こうした変化しつつある社会状況とともに変化していく、可変的なものだといえるでしょう。Lさんは、「この（相談員の）仕事は、生きている仕事」だと語っていますが、これは、相談員の仕事が予測不可能で、状況により刻々と変化していくものであることを示唆しています。

相談員は、多様な相談者に向き合い、状況の変化の中で仕事をしているといえます。

5　時間の経過とともに変化する関係性

生活相談に携わっているバイリンガル相談員のQさんは、以下のように述べています。

以前と比べて、相談者との関係が近くなった。いろいろな事例が出せるようになった。予測もできるようになった。相談者に対して選択肢を増やして出せるようになった。

Qさんは、相談員の仕事を続けていくうちに、相談者との関係が近くなり、相手に対してさまざまな事例を挙げることができるようになったと言います。また、相談者の問題に対して予測ができ、選択肢を増やしながらアドバイスできるようになったと言います。Qさんは相談員の仕事をしながらその経験の中で学び、相談者との関係を変化させていったといえます。

このように相談員自身も、相談の経験を積みながら、さまざまなケースに対応していく中で、さまざまな解決方法を学び、学びを次の相談へと活かしているといえます。そういう意味で相談員自身も成長していく存在であり、その成長とともに相談者との関係も変化させているといえます。バイリンガル相談員にとって、現場から学んでいく力は大切だといえるでしょう。

第7章のまとめ

第7章では、「関係構築の要」としてのバイリンガル相談員がさまざまな「つなぐ」役割を果たしていることがわかりました。例えば、当事者と外部機関をつないだり、学校で担任と保護者の間をつないだり、当事者間の誤解を解消することで橋渡しを行っていました。そして、相談員同士のつながりも重要であるということがわかりました。一方で、単に関係を深めるのではなく、相談者と相談員の間で一定の距離を取るなど、関係を調整していくことの大切さも挙げられました。また、相談者も一括りでは捉えきれず、多様であるということも挙げられました。

第8章 バイリンガル相談員のさまざまな「位置づけ」

バイリンガル相談員は、どのように自己や他者を位置づけながら支援を行っているのでしょうか。

バイリンガル相談員は、本人自身外国のルーツを持ち、複数の言語を駆使しながら、在住外国人に対してさまざまな支援を行っています。では、バイリンガル相談員は、自分自身をどのように位置づけているでしょうか。ここでは、バイリンガル相談員の語りから、彼・彼女たちがどのように自分自身を位置づけているのかについてみていきます。

ここでは、位置づけについて社会構成主義を背景に生まれた「ポジショニング理論」を参考にしながらみていきたいと思います。ポジショニング理論におけるポジションは、会話やコンテクストの中で自然に現れ、会話の中でその位置づけは変化するとしています（Harre, R. & Langenhove, L. 2003）。ハレらは、ポジショニングの仕方（位置づけの仕方）を次の四つに分けています。

1　意図的な自己の位置づけ
2　押しつけられた自己の位置づけ
3　意図的な他者の位置づけ
4　押しつけられた他者の位置づけ

ハレらのこのポジショニング理論にもとづく「位置づけ」（ポジショニング）の特徴は、固定的な「役割」という概念よりも、文脈の中で多様に変化していくという意味でより柔軟であるということが挙げられます。また、自己をどう位置づけているのかという観点だけではなく、他者によって位置づけられている場合や押しつけられているのかという観点も入れている点も特徴として挙げられます。

ここでは、バイリンガル相談員の語りで、この四つの位置づけがどのようにみられたかについてみていきたいと思います。

8-1　意図的な自己の位置づけ

まず、「意図的な自己の位置づけ」がみられた語りについてみていきます。

1　「給食の支援者」としての自己の位置づけ

以下は小学校で支援をしているバイリンガル相談員Aさんの語りです。

> 子どもは牛乳とパンしか食べない。朝もご飯しか食べない。担任の先生から、ご飯、牛乳、パンしか食べないということを聞いて、わたしから、では、給食に（支援に）入りますと言って支援に入った。給食の時、一緒に入って、隣で一緒に食べて、まず離乳食みたい。少しずつ（他のものも）食べるようにして、材料、料理の紹介をした。

Aさんは、牛乳とパンしか口にしない子どもに対して、給食が食べられるよう、自ら意図的に自分を「給食の支援者」に位置づけ、子どもが給食を食べられるよう支援していったといえます。Aさんは、この語りの後で、支援の結果、「その子どもは一人で給食が食べられるようになった」と述べています。母語と日本語を駆使しつつ、子どもの状況をみながら必要な支援をみつけ、自ら自己の「位置づけ」を新たにつくりだしていったといえます。

2　「心情面のサポートをする支援者」としての自己の位置づけ

また、学校で支援を行っているバイリンガル相談員のIさんは以下のように述べています。

> ある生徒は文句ばかり言っていて、理解しようとしない。心の中が

> 凍っている。溶けていない。心の中が溶けていないと勉強の方に気持ちが向かない。人生の交差点の時、放っておいたらダメ人間になってしまう。問題について子どもに説明している。凍っている部分が溶けたら、理解できるようになるかもしれない。心が変われば行動も変わるかもしれない。

Iさんは、生徒の心情的な部分に注目し「心の中が凍っている生徒」という捉え方をしています。そして、Iさんはその生徒を「人生の交差点にいる」と表現し、人生の岐路にいる重要な状態だからこそサポートが必要であるとしています。Iさんは、こうした危機的な状況の生徒が「心の中が溶ける」状態になれば理解できるようになるかもしれないとし、心理的なサポートの重要性を述べています。さらにIさんは「心が変われば行動も変わるかもしれない」と述べ、まず心が変わることが重要と捉えています。Iさんは、「心理的なサポートをする立場」として意図的に自らを位置づけています。

3 「当事者と同じ体験を持つ者」としての自己の位置づけ

「外国籍住民の当事者と同じ体験をしてきた者」として自らを位置づけている語りもみられました。

以下は生活相談に携わっているEさんの語りです。Eさんは、バイリンガル相談員を始めることになったきっかけを次のように語っています。

> 10年前にボランティア精神で始めた。母国の人たちのサポートが必要だと思った。自分自身も困った経験があった。自分のように言葉や生活などいろんな困った経験をしたことを活かして、困っている人たちの橋渡しになりたいと思った。

Eさんは、自分自身が外国人当事者として言葉や生活で困った経験があり、その経験を活かすためにバイリンガル相談員になったと述べています。Eさんは、意図的に「外国人当事者と同じ経験を持つ者」として自己を位置づけていることがわかります。Eさんは当事者としての自身の経験を活かしながら「困っている当事者」の橋渡しになりたいという意向を示しています。

生活相談に携わっているQさんは、次のように述べています。

> （自分には）工場の仕事がつらいという経験があったので、相談者の経験と共通しているので、共感できる。子育てをした経験も役に立っている。出産、教育、労働に関する制度のことなども学んだことが役に立っている。

Qさんは、自分自身にこれまで日本で工場の労働や出産、育児等の経験があり、これらの経験が当事者を支援する時に役に立っていると述べています。Qさんは、意図的に自己を「外国人当事者の経験を持つ者」として位置づけています。そして、こうした外国人当事者としての経験を持っていることが、バイリンガル相談員として外国人当事者を支援していくのに役に立っていると述べています。Qさんは、さらに「（当事者は）同じ国出身で同じ背景文化を持っている。母国や出身地のことを聞いたり、そういうつながりのあることで相手は身近に感じて安心する」とも述べています。当事者にとって自分自身が近い存在であることで、当事者にとって自分自身が「安心させることのできる存在」であると位置づけています。

これらの語りから、EさんやQさんは「外国人当事者と同じ体験を持つ者」として自らを意図的に位置づけることによって、自身の体験を活かしながら支援しているといえます（図8-1）。

8-2　押しつけられた自己の位置づけ

次に、「押しつけられた自己の位置づけ」についてみていきたいと思います。

1　三者面談での通訳以外の位置づけ

学校で支援を行っているバイリンガル相談員のYさんは、学校でのサ

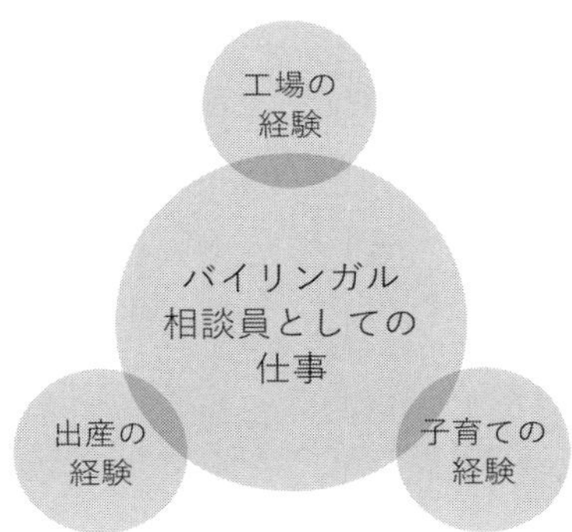

図8-1　当事者と同じ体験を持つ者としての位置づけ

ポートの内容について次のように話しています。

> 先生たちと本人と保護者の面会の時の通訳の時、その中で私とその本人と話して、この子大丈夫かどうか、そういうふうにも求められる。

Yさんは、先生と外国人生徒とその保護者との三者面談の時に、通訳を行うだけではなく、その生徒の進学が大丈夫かどうかの意見まで求められると述べています。「通訳を行う者」として自己を位置づけていたのが、相手（の先生）から「進学が大丈夫かどうかの意見を求められる者」としても位置づけられていたといえます（図8-2）。

8-3　意図的な他者の位置づけ

次に、「意図的な他者の位置づけ」に関する語りについてみてみたいと思います。

1　生徒から問題の理由を聴く立場への位置づけ

学校で生徒のサポートをしているバイリンガル相談員Dさんは、次のように語っています。

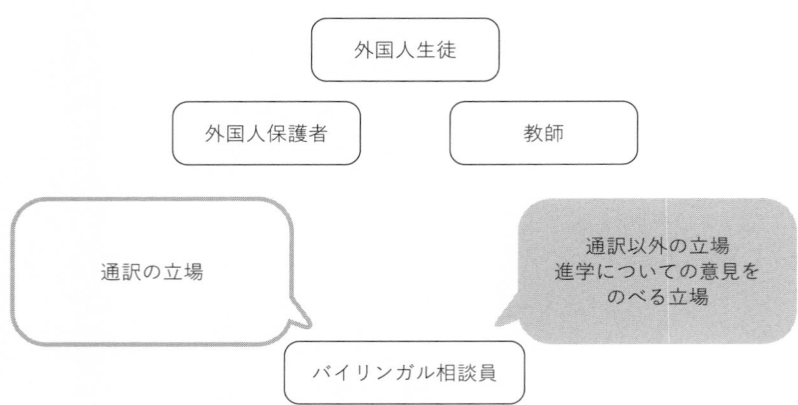

図 8-2　三者面談での通訳以外の位置づけ

> ある外国籍の生徒が、女子の生徒からよくないことをいわれたことがあった。でも女子なので手が出せなかった。その後、その生徒は学校の行事に参加したくないと言い出した。担任の先生からDさんに「何があったのか聴きだしてほしい」といわれた。自分一人でその生徒から何があったのかを聴いた。

学校の行事に参加したくないと言っている生徒について、Dさんが担任から直接事情を聴きだしてほしいと頼まれたケースです。担任の先生から「生徒から、問題の原因を聴きだす」位置づけをなされたケースといえます。担任の先生は、生徒の心情も含めて生徒から聴きとる立場に、母語の話せるDさんを意図的に位置づけたといえます。Dさんは母語と日本語を駆使しながら、生徒から学校の行事に参加したくないと言った理由について聴き、その生徒がストレスがたまった状態であったことなど詳しい理由を聴くことができたのです。担任の先生が、母語を駆使し寄り添いながら支援をしているバイリンガル相談員Dさんを「理由を聴く立場」に位置づけたことで、生徒の詳しい状況がわかり、問題解決に結びついたということができるでしょう。

2　「自立する存在」への位置づけ

生活相談に携わっているバイリンガル相談員のYさんは、「自分を頼り過ぎてしまう相談者」について以下のように語っています。

> たまには（相談者に）怒ることもあります。あんまり何から何までも頼り過ぎているので。でもその後電話がかかってきてあなたの言う通りと言ってきた。

Yさんは、頼り過ぎていた相談者に対して怒り、突き放すことで、相談者を「相談員に頼り過ぎていた存在」としての位置づけから「自立する存在」へと意図的に位置づけし直しているといえます。

Yさんは、さらに「何でも頼ればいい、となると（相談者の）日本語の勉強につながらなくなる。時には突き放している」と述べています。Yさんは、相談者を「自立した存在」へと位置づけていくことを重要であると考えています。

8-4　押しつけられた他者の位置づけ

1　日本語教室に行くのが許されないケース

生活相談に携わっているバイリンガル相談員のEさんは、ある外国籍住民について次のように語っています。

> （自分は、その外国籍住民に）日本語教室に行くようにすすめている。（日本語教室に行って日本語を学べば）自分が言いたいことが言えるし、日本での生活をするために必要だと思う。日本語教室に行けば、友達ができたり、情報交換できたりイベントに参加できる。（その外国籍住民は）今は日本語教室に行くようになったが、以前は家庭の中で日本語教室に行くことが許されず、外に出してもらえない時があった。

Eさん自身は、当事者が日本語教室に通えば、情報が交換できるなど日本での生活がしやすくなると考えています。しかし、外国籍住民の中には家族に許してもらえず自由に日本語教室に通えない人もいるというのです。本人の意思とは関係なく他者によって「日本語教室に行けない」位置づけを押しつけられている状況といえます。しかし、今はその当事者は日本語教室に通っていると言います。そのきっかけについてはここでは語っていませんが、おそらくEさんの存在も影響したのではないかと推測できます。

外国籍住民の中には、この語りにみられるような「押しつけられた他者の位置づけ」がされている人たちもいるのではないかと考えられます。しかし、外国籍住民が主体的に自分のやりたいことがやれるようサポートしているバイリンガル相談員もいるのです。

8-5　位置づけが受け入れられなかったケース

1 「日本語指導」以外の位置づけ

8-1から8-4まではハレらのポジショニング理論の四つの位置づけの仕方にしたがって述べてきました。しかし、実際にはこの四つの位置づけの場合だけではなく、他のケースもみられました。

以下は「位置づけが意図通りに受け入れられなかった」語りです。学校での支援をしているバイリンガル相談員Iさんは次のように語っています。

> 最初は日本語指導として入ったが、支援をやりやすくするために、「家庭訪問に行かせてください」とお願いした。でも行かせてもらえなかった。別の学校は行かせてくれた。

Iさんは、学校での生徒の支援者として「日本語指導を行う」という位置づけで学校に入っています。しかし、家庭訪問をした方が支援がやりやすいのではないかと考え、学校に「家庭訪問に行かせてほしい」と頼みます。Iさんは、自分自身を「家庭訪問を行い支援する者」として新たな位置づけを加えようとしますが、学校からはその位置づけは受け入れられませんでした。しかし、Iさんは別の学校では受け入れられたと言います。

これは、バイリンガル相談員が、自身に与えられた「位置づけ」だけではなく、それ以外の「位置づけ」のニーズもあると考え、新たな「位置づけ」を提案したケースです。バイリンガル相談員は日々それぞれの「位置づけ」で支援しながら、時には新たな位置づけを提案し受け入れられたり受け入れられなかったりしながら支援をしている様子が浮かび上がってきます。

2　位置づけの葛藤

以下は、バイリンガル相談員が自身の位置づけに葛藤を感じたという語りです。学校で支援をしているバイリンガル相談員のDさんは、次のように語っています。

> （ある子どもが）喧嘩をする前にわざと手を出されたりした。「どうしたらいいか」とその子どもは言うが、サポーターの立場としては、「手を上げろ」とはいえない。

Dさんは支援をしている子どもには喧嘩に負けないよう強くなってほしいと思いつつも、自分がその子どもの「サポーター」であるという立場から、「手を上げろ」とはいえない立場に自分を位置づけざるを得ないとしています。「サポーターという立場」で、子どもとの関わり方にふさわしい「ふるまい」をすることに自身の中で葛藤を感じていたというのです。「バイリンガル相談員」として自己を位置づけることで葛藤を感じながら支援を行っているケースも少なくないでしょう。

8-6　複層的な位置づけ

バイリンガル相談員の位置づけが一つだけではなく、複層的にされている、とする語りがいくつかみられました。

1　「通訳」と「相談」の位置づけ

生活相談に携わっているバイリンガル相談員のBさんは、病院での支

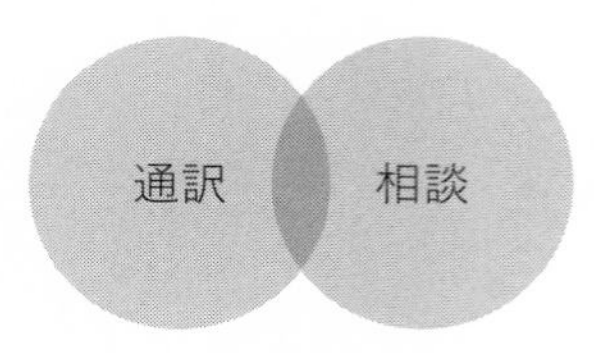

図 8-3　通訳と相談の位置づけ

援について次のように述べています。

> わたしたちの場合は通訳だけじゃなくて、通訳と相談と一緒。例えば、病院の通訳ですね。先生も患者さんも心配なので通訳も相談も一緒に頼まれて。通訳の人がいないと心配ですよね。病院は。

Bさんは病院で通訳の他に相談も頼まれていると述べています。このように、バイリンガル相談員は、通訳だけという位置づけではなく、通訳と相談という複層的な位置づけを求められる場合があります（図8-3）。Bさんは、さらにDVのサポートについて次のように述べています。

> 相談センターのDVのケースも通訳と相談です。（通訳と相談は）何か分けてできないですよね。通訳だけとか相談だけとかできないので。やっぱり通訳もするんだったら相談にものるという感じですね。

Bさんは、さらにDVの場合も、通訳と相談と「切り離すことができない」と述べています。この二つの位置づけを複層的に捉えているのです。バイリンガル相談員は単に通訳だけではなく、その過程でさまざまな相談にものりながら相談員の仕事をしている場合があるのです。

2　「話を聴く」「制度の説明」「外につなぐ」位置づけ

バイリンガル相談員のAさんは、次のように述べています。

> 電話でそのお話を聞いて、制度を説明しました。母語で制度を説明して、外の労働関係の機関につなげたりしました。制度をわかるま

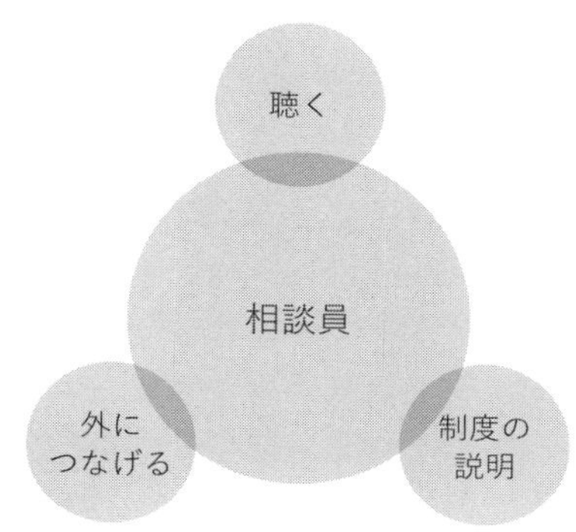

図8-4　相談員の複層的な位置づけ

で説明しました。解雇ということは、自分が切られた、悪いことをしたのではなくて、その時の流れだったということを納得してもらうように、わかりやすく説明しました。

Aさんは、バイリンガル相談員として「相手の話を聴く」「制度を説明する」「他の機関につなげる」と複層的、流動的に自分自身を位置づけながら支援を行っています（図8-4）。また、相談者に対して解雇の原因は相談者自身ではなく社会的な状況であるということを、本人が納得できるよう、わかりやすく説明しているといいます。特に外国籍住民の場合、日本の社会状況について情報がない際、問題が生じると自分自身に原因があると思いこんでしまうことがあるかもしれません。このような時にAさんのようにわかりやすく説明できる存在は重要といえるでしょう。

バイリンガル相談員は、話を聴くだけではなく、説明を行ったり、解決に向けて他の機関につなげるなど、複層的に自分自身を位置づけながら相談者を支援しているといえます。

3 「学習のサポート」「人間関係のサポート」の位置づけ

学校で外国人児童の支援をしているバイリンガル相談員のIさんは、次のように語っています。

いつもどなるように話している外国人児童に対して、「表情や声の大きさに気をつけないと、まわりから恐ろしがられるよ」と言った。周りの子どもとの人間関係も大切だと思ったので、「親切にしてくれる子には感謝の気持ちを伝えた方がいいよ」「不満があっても手を出したら皆あなたの敵になるよ。居場所がなくなるかもしれないよ」などといろいろ話した。

Iさんは、学校で学習のサポートだけではなく、周囲の子どもとの人間関係が円滑にいくためのサポートもしています。その理由として、Iさんは、「本人は人との円滑な付き合い方がよくわかっていない。今から教えるのは遅いかもしれないが、教える必要があると思って教えている」と述べています。人との円滑な付き合い方がわからない児童に対して、Iさんは「学習サポート」の他に「円滑な付き合い方を教える」という位置づけを加えることで、複層的な位置づけをしながら支援しているのです。Iさんはさらに、「本当はこうしたこと（人間関係）は家庭で教えるべきことだと思うが、今教えている。学習だけのサポートだけではない」と述べています。外国人児童生徒が学校生活を送るためには、学習だけではなく、周囲の児童生徒との関係づくりも重要であるといえるでしょう。Iさんは、こうした関係づくりに関しても助言するなどして複層的な位置づけを行いながらサポートしているといえます。

複層的な位置づけは、最初から決められているのではなく、実際に現場に入って支援しながら、次第に試行錯誤していく中で、つくりだしているといえます。Iさんは以下のように述べています。

授業以外の相談は、授業に入って支援しながら本人と距離を縮めて、信頼関係をつくって、いろいろ聞くようになった。休み時間や個別時間で。

Iさんは、生徒と信頼関係を築いたことで、学習のサポートだけでなく、相談者としての位置づけを行うようになったといいます。支援の現場での位置づけは固定的ではなく、文脈に応じて複層的な位置づけがつ

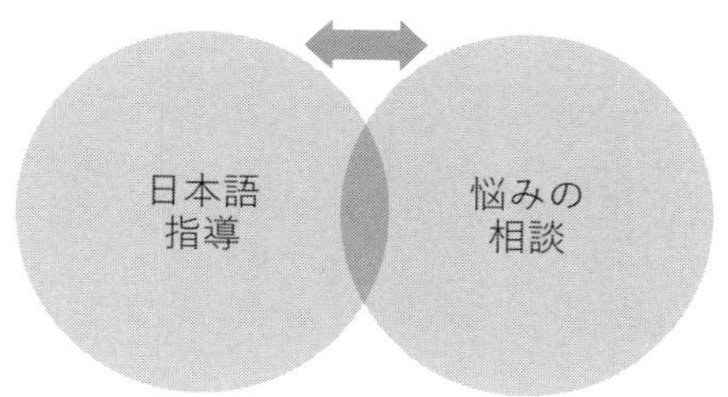

図8-5　位置づけの調整

くり出されているといえます。

4　位置づけの「やわらかい」調整

さらにIさんは、以下のように述べています。

> もし自分の立場がカウンセラーだとすると、（生徒は）多分悩みを言ってくれないだろう。日本語指導とすれば悩みを話してくれる。勉強のサポートをしながら、本人が必要なことについて気がついたことを話している。勉強、生活の指導とはっきり分けたらうまくいかないと思う。学習だけだったら子どもが受け入れてくれない。

Iさんの考えでは、「日本語指導」と「悩みの相談」をはっきり分けてしまうのではなく、両方の位置づけの境界が曖昧であるからこそ、複層的な位置づけができたのではないかと言います。Iさんは、「カウンセラー」としての立場だけで子どもに向き合うのではなく、「日本語指導」という立場で子どもと向き合いながら勉強以外の話もする中で、いろいろと悩みなど話すようになってきたのではないかと言っています。一つの位置づけ（カウンセラーか日本語指導か）だけで子どもに向き合うと子どもの方が構えてしまうのではないかと述べています。複層的な位置づけをすることによって日本語指導と悩みの相談と両方ができるようになったのではないかと言うのです。Iさんは、この二つの位置づけについて「子どもの様子をみながら、やわらかく調節している」と述べています（図8-5）。つまり、Iさんは生徒の状況や様子などをみながら、自分自身の位置づけを柔軟に調整しつつ複層的に自分の位置づけを変化させ生徒に寄り添っているといえます。

バイリンガル相談員は、状況や文脈に応じながら位置づけをさまざまに変えることで、複層的な位置づけを行いながら支援しているといえます。

第8章のまとめ

第8章では、バイリンガル相談員が現場でさまざまな「位置づけ」をしたり、されたりしながら支援を行っているということが明らかになりました。例えば、学校の支援で、学習の支援者としてだけではなく、自ら進んで「給食の支援者」という位置づけをしたケースや、押しつけられた位置づけがなされたケース、自分から新たな「位置づけ」を試みようとしたがそれがかなわなかったケースなどがみられました。また、調整しながら複数の位置づけを行っているというケースもありました。バイリンガル相談員は、支援の現場で文脈に応じさまざまな位置づけを行ったり、されたり、時には変化させながら支援を行っているといえます。

第9章　バイリンガル相談員に必要な資質・能力とは
――バイリンガル相談員・日本人コーワーカーの語りからみえてくるもの

バイリンガル相談員には、どのような資質・能力が必要でしょうか。

バイリンガル相談員にはどのような資質・能力が必要でしょうか。「バイリンガル相談員に必要な資質・能力」の捉え方は、バイリンガル相談員自身と日本人コーワーカー（バイリンガル相談員と一緒に働いている日本人）とで共通点はあるでしょうか。また相違点はあるでしょうか。

バイリンガル相談員と日本人コーワーカーそれぞれの語りにみられた「バイリンガル相談員に必要な資質・能力」を整理すると、表9-1になりました。バイリンガル相談員の語りと日本人コーワーカーの双方の語りに共通してみられたもの、バイリンガル相談員の語りに特にみられたもの、日本人コーワーカーの語りに特にみられたものがありました。また、それぞれの資質・能力については、個人レベル、対人レベル、社会的レベル、ネットワーキングレベルに整理することができました。以下では、それぞれについてみていきたいと思います。

9-1　バイリンガル相談員・日本人コーワーカーの双方の語りに共通してみられた「バイリンガル相談員に必要な資質・能力」

まず、バイリンガル相談員、日本人コーワーカーの語りに共通にみられた「バイリンガル相談員に必要な資質・能力」についてみていきます。

表 9-1　バイリンガル相談員に必要な資質・能力

	個人レベル	対人レベル	社会的レベル	ネットワーキングレベル
バイリンガル相談員・日本人コーワーカーの語りに共通してみられたもの	忍耐力 柔軟性 寛容性 感情コントロール力	聴く力 共感 信頼関係を築く態度 相手を安心させる態度		協働
バイリンガル相談員の語りに特にみられたもの	外国人当事者としての経験を活かす力 OJTとして学ぶ力	情報発信力 個の多様性への対応力 手続きの仕方の支援	社会の状況に対応する力	相手と対等な関係を築く力 双方向ネットワーキング力
日本人コーワーカーの語りに特にみられたもの	自己への気づき（アウェアネス）	自己コントロール力		社会的能力（責任能力、公平性、倫理）

【個人レベル】

個人レベルの資質・能力としては、「忍耐力」「寛容性」「柔軟性」「感情コントロール力」が挙げられました。

まず「忍耐力」「寛容性」「感情のコントロール力」をみていきたいと思います。外国人の生活相談や医療通訳に携わっているバイリンガル相談員のHさんは、次のように述べています。

> 忍耐強いことも大切。（相談者の中には）バーッと話す人が多いが、受け入れることが大切。時間をかけてやることが大切。いらいらしない。

Hさんは、バイリンガル相談員にとって、忍耐強さや寛容性、感情のコントロールが大切と述べています。Hさんの話にあるように、相談者の中には一方的に「バーッと」話す人が多いと言います。相談者は自分の問題のことで頭が一杯で余裕がない状態なのでしょう。Hさんは、こうした相談者に対して、「忍耐強く」「寛容性」を持って対応することが大切であるとしています。そして自分自身の感情をコントロールしながら相手に対応していくことが重要だと言います。別のバイリンガル相談員のBさんも「（バイリンガル相談員は）自分の感情的な部分をコントロールできるスキルが必要」と言っています。バイリンガル相談員が忍耐強く感情をコントロールしながら寛容な態度で相談者に向き合うことによって、相談者は自分自身の問題を落ちついて話すことができるでしょう。

日本人コーワーカーの語りにも「感情のコントロール力」がみられました。日本人コーワーカーのJXさんは、「感情移入のし過ぎはよくない」と述べています。相手に感情移入し過ぎず、自分の感情をコントロールする力の必要性を指摘しています。バイリンガル相談員は時には相手に感情移入し過ぎてしまう場合もあると考えられますが、JXさんの述べるように「感情移入し過ぎない」力も重要かと思われます。相手に感情移入し過ぎてしまうと、冷静に相手の話すことを聞けず、「相談員」としての立場から客観的な情報提供やアドバイスができなくなってしまうでしょう。感情移入し過ぎないためには感情のコントロールが必要だといえます。
「柔軟性」もみられました。日本人コーワーカーのJXさんは、「（バイリンガル相談員は）柔軟性が必要。めげないことも大切」と述べ、柔軟性や忍耐強さの重要性を示唆しています。

【対人レベル】
対人レベルの資質・能力としては、「聴く力」、「共感」、「信頼関係を築く態度」、「相手を安心させる態度」が挙げられました。
まず、「聴く力」が挙げられました。生活相談に携わっているバイリンガル相談員のQさんは、「聴くことが大切」と述べています。バイリンガル相談員の支援は、まず相談者の悩みや問題を聴くことから始まります。慣れない外国での暮らしの中で問題を抱えている相談者は、おそらく相談の場でうまく伝えられなかったり感情的になってしまう時があるかもしれません。そのような時に相談員が寄り添いながら話を聴く態度は重要といえるでしょう。4-4では、相手の不安な気持ちに寄り添いながら話を聴くというバイリンガル相談員の語りを紹介しましたが、このような態度は重要だといえるでしょう。また、日本人コーワーカーのJYさんは「バイリンガル相談員として相談にのる場合、上から目線にならずに聴くことが大切」と述べています。JYさんの述べるように、相手と対等な目線で相手の話に耳を傾けることも重要です。
「共感」も挙げられました。バイリンガル相談員のBさんは、「相手（相談者）の心理を理解し共感できることが大切」と述べ、共感の大切さを述べています。相手の話を共感しながら理解していく力はバイリンガル相談員に必要だといえるでしょう。また、日本人コーワーカーのJZさんは、「外国人相談者の心情の理解はバイリンガル相談員にしかできないのではないか」と述べています。「外国人としての日本での経験」という共通の経験を共有していることが、バイリンガル相談員と外国人相談者との間の共感につながるといえるのではないかと考えられます。
「信頼関係を築く態度」や「相手を安心させる態度」も挙げられました。日本人コーワーカーのJSさんは、次のように述べています。

　バイリンガル相談員は、相手（外国人相談者）を安心させ、信頼関係をつくっていく態度が大切。

　バイリンガル相談員は相談者の話を聴き、アドバイスしたり情報を提供しますが、そのための前提として、相手の相談者が安心して話ができるよう、相手を安心させる態度が大切だといえるでしょう。別の日本人コーワーカーのJNさんも「バイリンガル相談員は、相手を安心させる役割を担っている」と述べています。もしバイリンガル相談員に対して安心して話ができなければ、相談者は自分の悩みや問題を率直に打ち明けることができなくなってしまうでしょう。「相手に安心してもらう態度」は、相談場面での第一歩だと考えられます。

　また、JSさんの述べるように信頼関係を築く態度も重要でしょう。相談員と相談者との関係を構築するには、まず相手を「信頼する」ことが大切です。もし相談者が相談員を信頼できなければ、抱えている問題について打ち明けることもできないでしょう。信頼関係を築くには時間がかかる場合があるかもしれませんが、「信頼関係をつくっていこうとする態度」はバイリンガル相談員にとって重要だと思います。

【ネットワーキングレベル】

　ネットワーキングレベルでは、バイリンガル相談員と日本人コーワーカーの「協働」の態度が挙げられました。野山（2003）は、「ネットワーキング」という言葉の意味を「つながりがより動的に機能しているイメージ」としていますが、ここでも動的なイメージとして「ネットワーキング」という言葉を用いたいと思います。

　外国人の生活相談に携わっているバイリンガル相談員のQさんは、「（自分は）日本人コーワーカーと相談しながら仕事をしている」と述べています。

　また、日本人コーワーカーのJZさんは次のように述べています。

　この仕事（バイリンガル相談員の業務）は、外国人と日本人の協働によって初めてできる仕事。

QさんやJZさんの述べるように、バイリンガル相談員の仕事は単独ですべてできるものではなく、日本人コーワーカーなど周囲の人たちとの協働によって成り立っているといえるでしょう。

JZさんは、さらに次のように述べています。

> バイリンガル相談員の場合、日本の行政の仕組みや日本語の理解には弱い。日本人スタッフと一緒に仕事をしている。例えばどこが窓口かについてバイリンガル相談員は日本人並みに理解できていない場合がある。日本人スタッフとの協働作業になっている。（バイリンガル相談員は）母国の常識は知っているが、日本での生活習慣はわからないため、日本人スタッフとお互い補完し合っている。

JZさんは、バイリンガル相談員の場合、日本の社会の仕組みや日本語力が弱いという弱点を挙げていますが、一方で外国人相談者は母国の常識を知っているという強みがあると述べています。こうした長所と短所を日本人スタッフとバイリンガル相談員が補完し合うという形での協働が必要だと述べています。例えばある外国人相談者が相談に来た際、バイリンガル相談員とは母国での習慣を共有できているため、相談者の問題の原因や背景をより的確に理解できるでしょう。また、母語を駆使しながら相談にのることができ、相談者も安心していろいろと悩みを話すことができるでしょう。その一方で、バイリンガル相談員は、例えば日本の行政の仕組みなど社会システムについて日本人コーワーカーより知識が少ないために、外部のどの機関につないだらよいかなど、戸惑うことも多いと思われます。

そのような場合、日本人コーワーカーの協働は不可欠なものとなります。日本人スタッフ（コーワーカー）との協働は、バイリンガル相談員にとって、重要かつ不可欠であるといえます。

9-2　バイリンガル相談員の語りに特にみられた「バイリンガル相談員に必要な資質・能力」

次に、バイリンガル相談員の語りに特にみられた「バイリンガル相談員に必要な資質・能力」について、みていきます。

【個人レベル】

個人レベルの資質・能力としては、「外国人当事者としての経験を活かす力」「OJT（On the job training：実務を経験しながら学ぶこと）として学ぶ力」が挙げられました。

まず、「外国人当事者としての経験を活かす力」からみていきたいと思います。外国人の生活相談に携わっているバイリンガル相談員のQさんは、次のように述べています。

> 自分は、（これまで日本で）工場の仕事で辛いという経験があったので、相談者の経験と共通しているので理解できる。子育てをした経験も役立っている。出産、教育、労働に関する制度のことなども学んだことが役に立っている。

Qさんは、これまで相談者と同じような体験（外国人として日本の工場で働く体験）をしており、相談者の心情について「理解できる」と述べています。また、日本での工場の仕事の経験だけではなく、子育てをした経験も、生活相談を行う上で役に立っているとしています。具体的には、自分自身の経験から出産、教育、労働に関する日本の制度等を学ぶことができ、それが支援に役立っているとしています。Qさんは、一人の「生活者としての外国人」として日本で生活する上でさまざまな経験をしてきただけではなく、これらの経験を「バイリンガル相談員」として相談の場面で「活かしていった」といえます。Qさんの語りから、「外国人当事者としての経験を（相談場面に）活かしていく力」が重要だといえるでしょう（図9-1）。

以下は「外国人当事者としての経験を活かす力」「OJTとして学ぶ

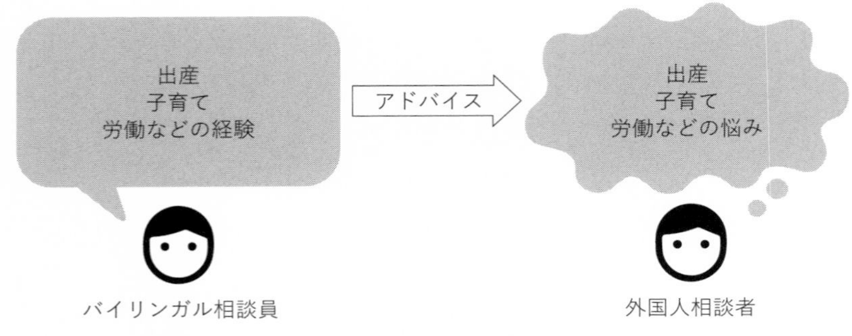

図9-1　当事者としての体験を活かす

力」のみられた語りです。生活相談に携わっているバイリンガル相談員のＬさんは、「どのように相談員に必要な力を育成してきましたか」という質問に対して、次のように述べています。

> 自分自身の経験の中から学んだ。自分自身は（日本に）来たばかりのころ日本語がわからなかった外国人としての経験があった。その時にいくらかゆっくり言われても、大きい声で言われても、言っていることがわからない日本人と、わかりやすい日本語を話す日本人がいた。このような経験の中での学びが支援に役立っている。支援しながら毎日毎日学ぶことがある。

Ｌさんは、「自分自身の経験の中から学んだ」と述べています。その一つの例として、「ゆっくり話しても大声で話しても」話している内容がわからない人と、「わかりやすい日本語を話す」人がいたことを挙げています。これらの経験からＬさんは「わかりやすく話す」ことの重要性を学んだといえます。Ｌさんは「当事者としての経験の中での学び」が支援に役立っていると述べています。当事者としての経験から学んでいく力と、それを支援に活かしていく力は、バイリンガル相談員にとって重要な力といえます。

Ｌさんは、さらに「支援しながら毎日毎日学ぶことがある」と述べています。バイリンガル相談員に必要な資質・能力は「すでにあるもの」

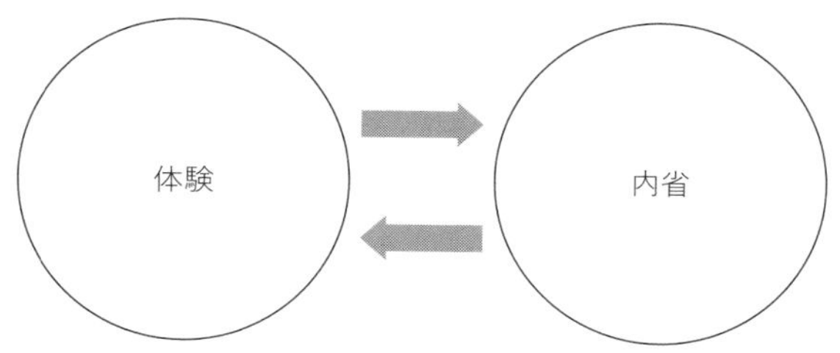

図9-2　体験と内省の往還

ではなく、日々の経験から「学んでいく」という動的なものであるということがいえるでしょう。この語りはバイリンガル相談員にとってOJTとして学ぶ力が重要であるということを示唆しています。

相談員としての体験を学びに変えていくには、日々の体験を内省していくことが重要でしょう（図9-2）。日々の相談員としての体験を通して、さまざまな事例と向き合い、社会システムや人との関わり方を学ぶなど、さまざまな学びがあるでしょう。バイリンガル相談員にとっては、こうした体験を内省し、さらに自身の学びにして体験に活かしていく力が必要であるといえます。

【対人レベル】

対人レベルの資質・能力としては、「情報発信力」「個の多様性への対応力」「手続きの仕方の支援」が挙げられました。

まず「情報発信力」からみていきたいと思います。外国人の生活相談に携わっているバイリンガル相談員のLさんは、次のように述べています。

> よりよい生活のためには、情報が必要。（外国人が）誠実な市民として生きていくための支援が大切。日本の社会に認められ、生きていくことが大切。親のことを尊敬し将来につなぐということが大切。

Lさんは、外国籍住民が「よりよい生活」を送るためには情報が必要と述べています。情報へのアクセスは、外国人が生活をしていくために不可欠といえるでしょう。Lさんはさらに外国人が誠実な市民として生き、日本の社会に認められていくことの大切さを語っています。そのための大前提として情報へのアクセスの重要性を挙げているのです。バイリンガル相談員には情報発信力が必要だといえるでしょう。総務省(2006)の多文化共生の定義の一部に「国籍や民族の異なる人々が地域社会の構成員として共に生きていくこと」とありますが、Lさんの語りはこの部分ともつながっているといえます。

また、Lさんは、「相談員同士で情報提供しないといけない。全員が得するという考えが大切」と述べています。相談員が一人で情報を独り占めしてしまうのではなく、相談員同士の情報の共有が必要だと言うのです。もし情報をある特定の相談員が独り占めしてしまうと、情報は限られた相談者にしか伝わらないでしょう。生活のために必要な情報は、平等に、広く伝えていく必要があります。また、災害時の情報等のように、一刻も早く全員に伝えなければならないものもあります。Lさんが述べるように相談員同士の情報の共有は、相談員だけではなく外国籍住民全員にとって必要でしょう。Lさんは「全員が得するという考えが必要」と述べていますが、相談員同士が協力し合って情報を共有し広げていく「情報のネットワーク化」は重要です(図9-3)。ICTを活用するなど、現在はさまざまな方法での情報の共有が可能になっていると思います。

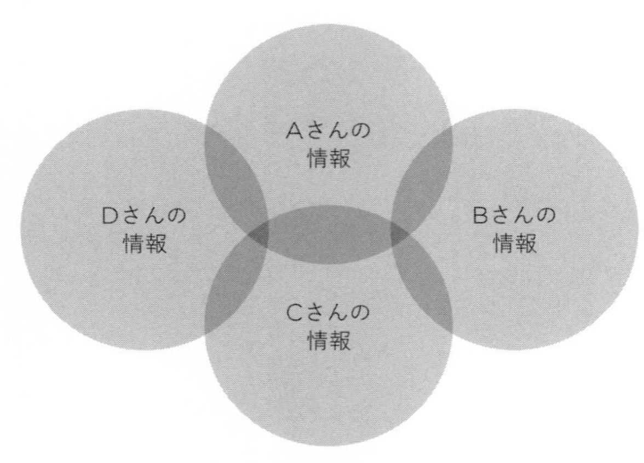

図9-3　情報の共有

また、「個の多様性への対応力」も挙げられました。Lさんは、相談者には「難しい人、フレンドリーな人、隠したいと思っている人など一人ひとり違う」と述べています。また、相談員のアドバイスの受け取り方も多様だと述べています。バイリンガル相談員には、このような相談者の「個の多様性」に対応していく力が必要だといえるでしょう。バイリンガル相談員には、相談者の態度や行動は多様であるということを心に留めて、相談者に対する思い込みやステレオタイプを持たずに向き合っていく力が必要です。

さらに「手続きの仕方の支援」を行う力の必要性も挙げられました。

生活相談に携わっているバイリンガル相談員のHさんは、次のように述べています。

> （相談員が）翻訳しても、（相談者が）わからない。（相談者は）申請の仕方がわからない。申請に慣れていないと申請そのものができない。

Hさんは、例えば役所での手続きなどの申請の支援では、単に言語を翻訳するだけでは相談者は理解できないとしています。つまり、相談者が申請の仕方そのものを知らないため、こうした申請の仕方といった手続きの方法をまず教えないと、本人は申請できないと述べているのです。「手続きの仕方」について支援をしていく力は、相談員にも必要だといえるでしょう。例えば、住居を変更するケースをみてみましょう。まず、住民票を変更するという手続きが必要になります。また、「住民票」の住所を変更する時には「転出届」と「転入届」を出さなければならず、期限が定められています。さらに、これらの届の手続きでは「本人確認票」が必要です。相談者から住所変更の書類について質問があった場合、バイリンガル相談員は単に書類の言語を訳すだけではなく、こうしたさまざまな方法や手続きの仕方そのものについても、知らせる必要があります。こうした役所の手続きの仕方は母国の場合と異なる場合も多いでしょう。

バイリンガル相談員には、こうした手続きや方法についての知識を持ち、相談者に説明していく力が求められます。

【社会的レベル】

社会的レベルの資質・能力には「社会の状況に対応する力」が挙げられました。

生活相談に携わっているバイリンガル相談員のＬさんは、「この仕事は生きている仕事。状況も同じではなく、変わっていく」と述べています。そしてリーマンショックの時を社会の状況の変化の例として挙げています。

Ｌさんが述べるように、バイリンガル相談員の仕事は、同じ相談内容であっても、「いつでも、どこでも同じ内容のサポート」ではなく、社会的状況によってサポート内容は変わっていくといえるでしょう。社会はいつも同じではなく、状況とともに変化していくのです。そしてそれとともに仕事の内容も変化させていくことも必要となってきます。仕事の内容もマニュアルにとらわれ過ぎず、状況に応じて変化させていくことも必要となるでしょう。

その時の社会状況によって何を優先させるべきかも異なってくるでしょう。例えば2020年のコロナ禍の社会では、「健康」「安全」であることを優先させる社会となっています。社会は全くの予測なしにさまざまな出来事が起きますが、その時社会的な状況はどのようになっているのか、何が必要とされ、優先されているのか、人々の状況はどういう状況になっているのかといった社会の状況の変化を知り、こうした変化の中でどのような対応が可能か、どう対応していくのがベストなのかについて試行錯誤していく力がバイリンガル相談員には求められるといえるでしょう。

【ネットワーキングレベル】

ネットワーキングレベルでは、「相手と対等な関係を築く力」「双方向ネットワーキング力」が挙げられました。

まず、「相手と対等な関係を築く力」が挙げられました。生活相談に携わっているＬさんは、「（バイリンガル相談員は）上からみるような偉そうな姿勢だと受け入れられない」と述べ、相談員と相談者が対等な関係を築くことが重要であることを指摘しています。また「相手と同じという姿勢が大切」と述べています。バイリンガル相談員には、相手（相談者）に対して権威やパワーを持つのではなく、相手と対等な関係を築く力が求められているといえるでしょう。

また、「双方向ネットワーキング力」も挙げられました。生活相談に携わっているバイリンガル相談員のQさんは、次のように述べています。

> 県内の各市町村や外部の機関とのつながりを持っている。（バイリンガル相談員が）向こうから相談してきたり、こちらから相談したりしている。お互いに相談がくる。電話やメールのやりとりもある。

Qさんは、地域のバイリンガル相談員とさまざまなネットワークを持っていると述べています。そして、このつながりは、ただ「つながり」や「知り合い」がいるという静的なつながりではなく、「向こうからも相談し」「こちらからも相談する」という動的で双方向なつながりであることがわかります。

バイリンガル相談員がそれぞれ孤立した形で支援をするのではなく、バイリンガル相談員同士がネットワークを持ち、お互いに相談したりされたり、情報を共有することによって、一人では解決できない問題が解決できることも多いでしょう。バイリンガル相談員には、「双方向のネットワークキング力」が必要であると考えます。そのためには積極的にコミュニケーションを取っていくことも重要でしょう。双方向のネットワーキングが広がれば、広いネットワークの中で仕事をしているという捉え方もできるようになるでしょう。

9-3　日本人コーワーカーの語りに特にみられた「バイリンガル相談員に必要な資質・能力」

最後に、日本人コーワーカーの語りに特にみられた「バイリンガル相談員に必要な資質・能力」についてみていきます。

【個人レベル】

個人レベルの資質・能力としては「自己への気づき（アウェアネス）」、「自己コントロール力」が挙げられました。

まず、「自己への気づき」からみていきたいと思います。日本人コーワーカーのJYさんは、「（バイリンガル相談員は）知らず知らず（外国籍住民に対して）権力が出てしまう」と述べています。外国籍住民がバイリンガル相談員に相談を行う場では「相談する者」「相談を受けアドバイスをする者」という関係ができます。しかし、何年も「バイリンガル相談員」の仕事をしていると、次第に「相談を受けアドバイスをする者」が「相談する者」に対して権力を持ってしまうというのです。JYさんは「知らず知らず」と述べていますが、これはバイリンガル相談員が無意識のうちに権力を相手（相談者）に対して持ってしまい、そのこと自体に本人は気づいていない、ということを示唆しています。バイリンガル相談員には「自己に気づく力」が必要といえるでしょう。

相談場面で注意したいのは、JYさんが述べるように「相談員」と「相談者」の関係に無意識のうちに力関係が生じてしまうことでしょう。相談員は自身が権力を持ってしまうことに無意識かもしれませんが、相談者の方は相談員に対して「権力」を感じ、緊張して言いたいことが言えない場合も生じるかも知れません。無意識に身についている自分自身の「権力」について意識化していく力は、バイリンガル相談員にとって必要な資質・能力の一つといえるでしょう。それには「自分自身の言動や行動についてふりかえる」ことがまず必要ではないかといえます。そしてその上で、自分自身の行動や言動に対して相手の態度はどのようだったかについても意識的になる必要があるでしょう。例えば、表9-2で整理しながら自身や相手の言動や行動についてふりかえるのも一つの方法ではないかと思います。

また「自己コントロール力」も挙げられました。生活相談にのっているバイリンガル相談員の日本人コーワーカーであるJZさんは、以下のように述べています。

相談の入り口は、人助けの入り口だと思う。深刻な部分があるほど

表 9-2　自己の言動の気づきの例

	自分（相談員）	相手（相談者）の反応
言動	「A案の解決方法が良いでしょう」（決めつけた言い方をしていた）	「はい、そうですか」（返事はしたが、他の解決方法も可能かと思っていた）
行動	相手に対して少し高圧的な態度をとっていた。	相手の言う通りにしなければならないという態度をしていた

外につなげなければならない。例えば、社会福祉、入管、教育など、（外と）つなげていくことが大切。ひとりですべてやろうとすることは無理。あくまで（相談の）入り口であることをわきまえることが大切。

JZさんは、バイリンガル相談員の仕事についてあくまで「相談の入り口」であるとし、バイリンガル相談員はこのことを「わきまえる」必要があるとしています。同じ母国の相談者から頼りにされるとつい相談されたことすべてを一人で解決しようとするかもしれませんが、一人で抱え込んで問題を解決しようとするのではなく、外につなげることが重要であるとJZさんは述べています。バイリンガル相談員が、つい相談者に同情し過ぎて必要以上の支援をやろうと一人で抱え込んでしまうことの落とし穴を示唆しているともいえます。「自分の仕事の範囲はここまで」と自覚し、自分にできないことについては一人で抱え込まず、他の同僚に相談したり外につなげていくことが必要でしょう。

バイリンガル相談員にとっては、「自分の仕事の範囲を自覚し」「自己をコントロールしていく」力が必要だといえるでしょう。

【社会的レベル】

社会的レベルの資質・能力としては「倫理」「公平性」「責任能力」といった社会的能力が挙げられました。

まず、「倫理」からみていきたいと思います。日本人コーワーカーのJZさんは、（バイリンガル相談員に必要な資質・能力として）「個人の情報を漏らさないなど、倫理規定を守ること」と述べています。個人情報を漏らさないなどの倫理規定については、バイリンガル相談員の仕事に限らず他の職種の仕事においても重要であるといえます。ただ、バイリンガル相談員の場合、外国人相談者と同じコミュニティに属していたり、もともとの顔見知りである場合もあります。相手と近い関係であるほど、特に個人情報について外に漏らさないということについては厳重に注意すべき点であると自覚しておく必要があります。うっかり個人情報が漏れた場合、相談者の名誉が傷つくばかりか、外国人コミュニティに噂が流れる原因となってしまいます。バイリンガル相談員はどの相談者に対しても相手を一人の人間として尊重し、個人情報を守るといった倫理規定を守ることが必要といえます。

また、「公平性」や中立の立場の重要性についても挙げられました。JZさんは「中立の立場」の重要性も挙げています。例えば相談員がAさんとBさんの間に立って通訳や支援をするとしましょう。この場合、このうちのどちらか一人と近い関係であっても、相談員は「中立」の立場に立って通訳や支援を行う必要があります。また、JZさんは、「公平性」を挙げていますが、中立性と同時に公平性も重要であるといえるでしょう。相談員が中立の立場で公平に相談者に接していくことで、問題のフェアな解決に結びつきます。「(中立的で) 公平に相手に接する態度」はバイリンガル相談員にとって重要な資質・能力といえるでしょう。

「責任感」についても挙げられました。JZさんはバイリンガル相談員としての仕事に対する責任感を持って仕事をしてくということの必要性を挙げています。これは相談者から相談を受けたら責任を持って引き受けるという意味を示しています。単に話の相手をするのではなく、相談内容を聞いたり、通訳をしながら解決に向けてアドバイスをしたり、外につなげたりする一連の仕事について責任を持つことの必要性です。責任感はバイリンガル相談員にとって必要な資質・能力といえるでしょう。

9-4　バイリンガル相談員と日本人コーワーカーの「協働」の意味づけの違い

バイリンガル相談員と日本人コーワーカー双方の語りにみられた資質・能力の中に、「協働」が挙げられましたが、「協働」の意味づけについて、バイリンガル相談員の語りと日本人コーワーカーの語りでは共通点ばかりではなく相違点もみられました。以下で詳しくみてみましょう。

1　バイリンガル相談員と日本人コーワーカーで共通にみられた「協働」の意味づけ

バイリンガル相談員と日本人コーワーカーの語りに共通にみられた「協働」の意味づけについては、「補完」が挙げられました。

バイリンガル相談員のQさんは次のように述べています。

> 一週間の相談について状況の把握をしている。自分の知らないことを日本人の同僚が知っているかもしれない。

Qさんは、一週間分の相談の状況について、日本人コーワーカーと協働しながらふりかえり、状況の把握をしていると言います。その中で、自分の知識不足の部分について、日本人コーワーカーには知識があるかもしれないと述べています。Qさんは「自分の知識不足を補ってもらう存在」として日本人コーワーカーを位置づけているといえます。

また日本人コーワーカーのJZさんはバイリンガル相談員について「日本の行政の仕組みや日本語の理解には弱い」「母国の常識は知っているが日本での生活習慣はわからない」と述べ、「日本人スタッフとお互い補完しあっている」としています。

バイリンガル相談員には弱点（日本の行政の仕組みや生活習慣の知識不足、日本語力の不足）もありますが、相談者と同じ母国の文化背景を持っていること、同じ母語を話せるという強みもあります。日本人コーワーカーとバイリンガル相談員が相互に弱点を補い合う「補完」という意味で

「協働」を意味づけしていることがわかりました。

2　バイリンガル相談員の語りに特にみられた「協働」の意味づけ

バイリンガル相談員の語りに特にみられた「協働」の意味づけについては、「相談する・されるという関係」がみられました。

以下はバイリンガル相談員のQさんの語りです。

> 日本人コーワーカーの存在は大切。自分にとっては相談役。母語から日本語に訳す時にみてもらう。外部につなぐ時の相談もする。日本の制度についても教えてもらう。

Qさんは、日本人コーワーカーを「相談役」と意味づけています。そして具体的には翻訳する時に相談したり、外部の機関につなぐ時に相談したり、日本の制度について教えてもらっているといいます。この語りの中では、Qさんは、日本人コーワーカー＝相談を受ける人、バイリンガル相談員＝相談をする人という関係で捉えています。Qさんは日本人コーワーカーとバイリンガル相談員との協働の関係を「相談する・される」関係として捉えているのです。

バイリンガル相談員は、外国人として日本で生活の経験を持っていますが、日本の制度や慣習など、さまざまな知識については十分にあるとはいえない人もいるでしょう。また、日本で長く生活をしていても表面上にはみえない慣習など、わかりにくいものもあります。例えば人にものをもらった後にお返しをどのようにするか、あるいはしなくてよいのか等も、地域によって異なっている場合もあるでしょう。また、相談者から相談を受けて外の機関につなぐ場合、どこの機関のどの部署に連絡を取ればよいかなどの知識がない場合もあるでしょう。

こうしたさまざまな知識や情報についてバイリンガル相談員が日本人コーワーカーに相談しながら進めていく場合も多いといえます。このように「相談する・される」という関係を「協働」の一つとして意味づけていることがわかりました。

3　日本人コーワーカーの語りに特にみられた「協働」の意味づけ

日本人コーワーカーの語りに特にみられた「協働」の意味づけには、「サポートする・される」、「アドバイスする・される」「問題解決のメディエータ」「組織の中で（バイリンガル相談員を）位置づける」が挙げられました。

まず、「サポートする・される」という意味づけからみていきたいと思います。

日本人コーワーカーのJNさんは、バイリンガル相談員について次のように語っています。

> バイリンガル相談員はお助けマン。相談員が主導権を握らないことが大切。

JNさんは、バイリンガル相談員は主導権を握らない「お助けマン」と位置づけています。つまりあくまでサポート役としているのです。この語りにおいて、バイリンガル相談員と日本人コーワーカーとの協働は「日本人コーワーカーをサポートするバイリンガル相談員」と「バイリンガル相談員によってサポートされる日本人コーワーカー」という関係によって成り立つと意味づけられています。

また、協働を「アドバイスする・される」と意味づけている場合もみられました。日本人コーワーカーのJZさんは次のように語っています。

> バイリンガル相談員が「重要だからこの仕事を（自分に）やらせてほしい」と言うのを、自分（日本人コーワーカー）が「そこまで入り込まなくていい」と止めたことがある。

これは、バイリンガル相談員が自分の範囲以上に仕事をしようとするのに対して、そばでみていた日本人コーワーカーが「そこまで入り込んで仕事をしなくてよい」とアドバイスしたという語りです。バイリンガル相談員にとって「自己コントロール力」が必要であるという日本人コーワーカーの語りがあったことについては前に紹介しました。ここでは日本人コーワーカーが、実際に自己コントロールできず自分の仕事の範囲以上の仕事をしようとしているバイリンガル相談員に対して、範囲を超えた仕事をしないようにとアドバイスしているのです。もしかしたらバイリンガル相談員は自分自身が仕事の範囲以上の仕事をしているということに気づいていない場合があるかもしれないのです。そうした場合に日本人コーワーカーからアドバイスされることで、自分の範囲以上の仕事をしようとしていたことに気づくかもしれません。このように日本人コーワーカーがバイリンガル相談員に対して「アドバイスする」という役割を担うことで、「アドバイスする」「される」という協働の関係ができています。

協働を「問題解決のメディエータ」としての意味づけているケースもみられました。日本人コーワーカーのJZさんは、次のように語っています。

> バイリンガル相談員が外部の相談者からの電話で対応に困っている時に、日本人コーワーカーである自分が中に入ることがある。

JZさんは、一緒に働いているバイリンガル相談員が電話相談に応じていて、対応に困るなど問題がある時、JZさんが中に入って問題が解決する場合があると述べています。

バイリンガル相談員は相談者からの相談にいつもスムーズに円滑に対応できるとは限りません。時には対応しきれないような内容や対応に苦慮する状況も生じるかもしれません。そのような時に、JZさんの述べるように、日本人コーワーカーが中に入って解決する場合もあるのです。このような状況の時、日本人コーワーカーがバイリンガル相談員の抱えるトラブルの問題解決のメディエータ（仲介者）という役を担うという協働の関係ができているといえます。

「（バイリンガル相談員を）組織の中に位置づける役としての日本人コーワーカー」という語りもみられました。以下は日本人コーワーカーのJPさんの語りです。

バイリンガル相談員は、日本人コーワーカーがいないと（組織の中で）浮いた存在になってしまう。つかまえとくのが大切。

JPさんは、バイリンガル相談員の立場が組織の中であまり位置づけられておらず、「浮いた」存在になりがちであるのを、存在感を持たせ、しっかりと組織の中で位置づける役として日本人コーワーカーの存在が必要だと述べています。バイリンガル相談員は、その存在や役割が組織の中であまり認知されていない場合があるかもしれません。日本人コーワーカーが、バイリンガル相談員の存在について、しっかり周囲に認知させることで、バイリンガル相談員の存在が組織の中で位置づけられるようになるでしょう。この場合、日本人コーワーカーは、「組織の中でバイリンガル相談員の存在を認知させ位置づける」役割を担うことで、バイリンガル相談員との協働を行っているといえます。

以上、ここではバイリンガル相談員に必要な資質・能力について、バイリンガル相談員、日本人コーワーカーの語りを分析し、考察を行いました。本研究では、インタビューの数に限りがあるという限界はあると思いますが、両者の語りにみられる特徴を示すことができたのではないかと思います（図9-4）。

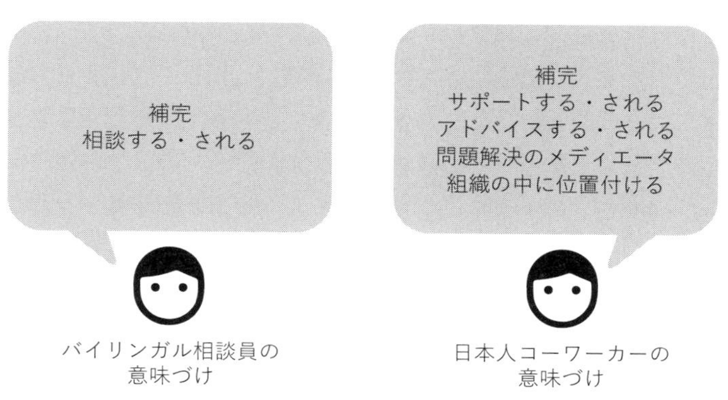

図9-4　「協働」の意味づけの違い

第9章のまとめ

第9章では、バイリンガル相談員に必要な資質・能力について、バイリンガル相談員、日本人コーワーカーの語りを分析し、共通点、相違点が明らかになりました。また、「協働」という言葉についての両者の捉え方の違いも明らかになりました。

バイリンガル相談員・日本人コーワーカーの共通点としてみられた資質・能力には、「柔軟性」や「忍耐力」「感情のコントロール力」「聴く力」「共感」「協働」などが挙げられました。バイリンガル相談員の語りに特にみられた資質・能力には、「外国人としての経験を活かす力」「OJTとして学ぶ力」「情報発信力」「手続きの仕方の支援」「社会の状況に対応する力」「相手と対等な関係を築く力」などが挙げられました。日本人コーワーカーに特にみられた資質・能力には、「自己への気づき」「自己コントロール力」「倫理」「責任能力」等が挙げられました。それぞれの捉え方には共通点や相違点のあることがわかります。

また、バイリンガル相談員と日本人コーワーカーにとって、（バイリンガル相談員と日本人コーワーカー間の）「協働」の意味づけに共通点、相違点があることが明らかになりました。双方の共通点としてみられた意味づけは、「補完」の関係が挙げられました。バイリンガル相談員の語りに特にみられた意味づけは、「相談する・される」という関係が挙げられました。日本人コーワーカーの語りに特にみられた意味づけには、「サポートする・される」「アドバイスする・される」「問題解決のメディエータ」「組織の中で位置づける」が挙げられました。

第10章　バイリンガル相談員の育成のための概念モデルと研修モデルの構築

バイリンガル相談員の研修を行うためにはどのようなモデルが必要でしょうか。

9章では、バイリンガル相談員に必要な資質・能力について、バイリンガル相談員、日本人コーワーカーの語りをもとに整理しました。では、具体的にバイリンガル相談員に研修を行うためには、どのような研修モデルが必要でしょうか。

10章では、まず、これまでの先行研究を概観するとともに、これまでの筆者のインタビュー調査からみえてきた「バイリンガル相談員に必要な資質・能力」（9章）を踏まえ、「バイリンガル相談員の育成のための概念モデル」を考えます。次に、これらを踏まえて、「バイリンガル相談員の研修のためのモデル構築」を行います。

10-1　バイリンガル相談員に必要な資質・能力育成のための概念モデル

本書で扱うバイリンガル相談員に関連した領域として、これまで、「コミュニティ通訳」において、必要な資質・能力の研究がみられます。

水野（2008）は、コミュニティ通訳に必要な資質・能力について、「高い語学力、優れた通訳スキル、知識と教養、異文化に対する認識、倫理に対する理解と遵守、精神のバランスと人生経験」を挙げています。また、杉澤（2013）は、「実践的力量」形成の必要性を挙げています。これらは、バイリンガル相談員にとっても重要な資質・能力といえると思います。

本章では、水野（2008）、杉澤（2013）で言及された資質・能力と、9章で前述した筆者のインタビュー調査の結果みられた資質・能力を踏まえ、「バイリンガル相談員に必要な資質・能力育成のための概念モデル」の構築を試みたいと思います。

まず、「バイリンガル相談員」の特徴について考えてみます（図10-1）。バイリンガル相談員は「相談員」でもあり、本人（バイリンガル相談員）自身が外国にルーツを持ちながら、同じように外国にルーツを持つ相談者に対応しています。バイリンガル相談員に必要な資質・能力には、いわゆる一般の（日本人の）「相談員」として必要な資質・能力が含まれるといえるでしょう。しかし、バイリンガル相談員の場合は、自らが日本で外国人としての生活を経験しており、同じように日本で外国人としての生活を経験している相談者からの相談に対応している、という点では、他の一般の相談員とは異なります。そのため、バイリンガル相談員に必要な資質・能力には「異文化に接触して生じるさまざまな問題」に対応するための資質・能力も必要だといえるでしょう。さらに、バイリンガル相談員の相談内容や対応については、それぞれの分野（医療、生活、労働、学校など）によって異なります。そのため、バイリンガル相談員には、それぞれ担当する分野に関する知識、スキル等が必要となります。

これらを、バイリンガル相談員に必要な資質・能力という観点からまとめると、①〜③のようになります。

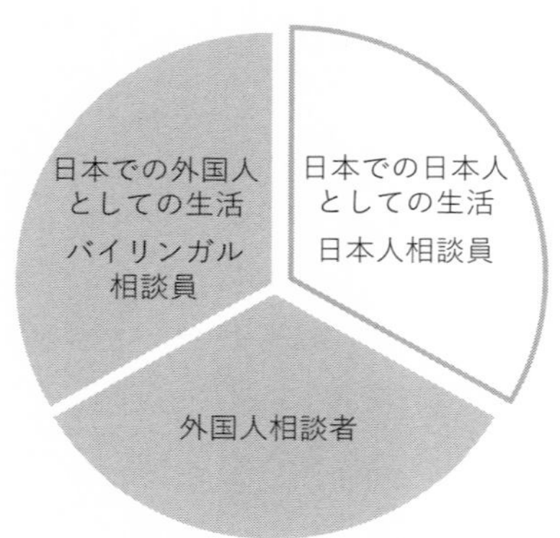

図10-1　バイリンガル相談員の特徴

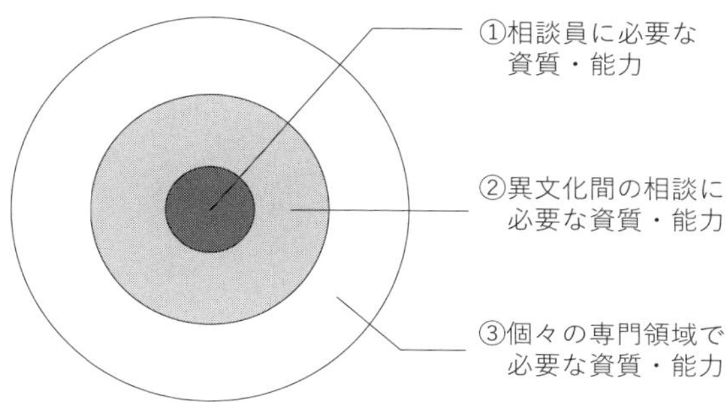

図10-2　バイリンガル相談員の育成のための概念モデル（徳井 2021: 63）

①いわゆる「相談員」に共通する資質・能力
②「異文化で対応する」という状況に必要な資質・能力
③担当する分野の専門のスキル（医療、生活、労働、教育など）

これらについて整理してみると図10-2のモデルになります。

まず①はコアの部分に相当し、一般的な相談員として必要な資質・能力になります。次に②は異文化間での相談に必要な資質・能力となり、③は個々の専門領域で必要な資質・能力となります。

では、具体的に①②③にはどのような資質・能力が入るでしょうか。水野（2008）と杉澤（2013）の指摘した資質・能力と、筆者の見出した資質・能力（9章で前述）をもとに、以下に整理します。

バイリンガル相談員の育成のための概念モデルにおける
具体的な資質・能力

①相談員に必要な資質・能力

語学力　通訳スキル　教養（制度についての知識など）
聴く力　共感　信頼感　忍耐力
感情のコントロール力　自己コントロール力　自己への気づき
状況の変化への対応力　柔軟性
ネットワーキング力

社会的能力（公平性、責任能力、倫理）
OJT

②異文化間の相談に必要な資質・能力
文化差について説明する力
文化的感受性
日本人コーワーカーとの協働
外国籍住民の当事者としての経験を活かす力

③個々の専門領域で必要な資質・能力
専門用語　スキル

では、それぞれについて詳しくみていきましょう。

1　相談員に必要な資質・能力

まず、水野（2008）の指摘した「語学力」や「通訳スキル」「教養」が挙げられます。相談員は相談を受けたり情報提供やアドバイスを行う場合もありますが、その際さまざまな教養（制度についての知識など）が必要です。また、通訳を行う際、正確に通訳しないと誤解が生じたり場合によっては命に関わることも出てくるかもしれません。その意味で「通訳スキル」や「語学力」も相談員に必要な資質・能力といえます。

また「聴く力」は相談員にとって重要な資質・能力として挙げられます。相談の仕事は「相手の話を聴く」ことから始まるからです。まずこの力がなければ相談員としては役目を果たすことができないでしょう。「共感」も相談員にとって重要な資質・能力といえます。相談者への共感がなければ相手に寄り添った対応ができないでしょう。「信頼感」も同様です。信頼感がなければ相談者も安心して話ができないでしょう。また、「忍耐力」も重要な資質・能力です。相談員は相手に対して粘り強く寄り添っていく必要があるといえるでしょう。

「感情のコントロール力」や「自己コントロール力」「自己への気づ

き」も相談員に必要な資質・能力として挙げられます。相談員自身の感情がコントロールされていないと相手（相談者）に向き合い、冷静に対応することができないでしょう。また、自己をコントロールする力がないと相手に流されたり、必要以上の仕事をしてしまう場合もあると考えられます。水野（2008）は「精神のバランス」の重要性を挙げていますが、これは「感情のコントロール力」や「自己コントロール力」の前提になるものといえるでしょう。

また、「状況の変化への対応力」（変化していく社会に柔軟に対応していく力）も相談員にとって重要な資質・能力といえます。社会の変化に伴い、支援の仕方や相談の内容なども変わります。例えば、リーマンショックや災害時、コロナ禍の状況では、通常とは異なった支援が求められます。状況によっては支援そのものを行うことが安全上難しいと判断される場合もあります。状況に対応する際、「支援が必要かどうか」「支援を行うことが可能かどうか」の二つの軸で判断していくことが大切です（図10-3）。例えば支援を行うことが必要かという一つの軸だけで判断してしまうと、可能でない範囲で支援しようとしたり、支援の状況自体が安全かどうか冷静に判断をしないまま決めてしまう場合があるでしょう。また判断材料として状況に関する正しい情報を収集していくのも同時に重要であるといえます。

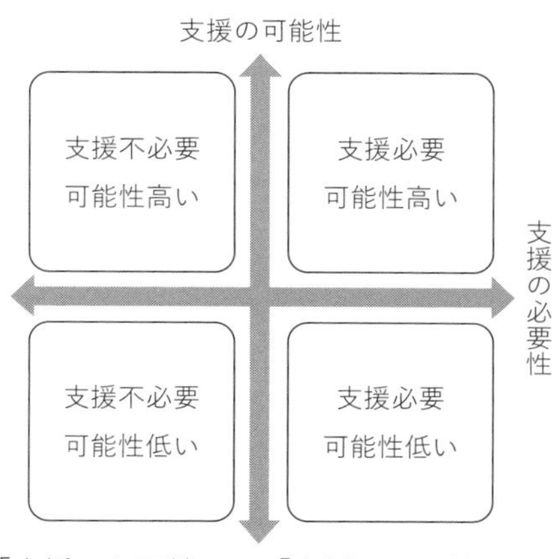

図10-3　「支援の必要性」と「支援の可能性」の二つの軸

地域や他機関との「ネットワーキング力」も必要です。相談内容を解決するために適切な機関につなげていくのも相談員の重要な役割です。人や組織を「つなげる」「橋渡しをする」ことは相談員にとって大切なことといえるでしょう。また日本人コーワーカーや同じバイリンガル相談員同士とのネットワーキングも重要です。そしてさまざまな問題や情報を共有したり相談し合ったりする関係を大切にしていくことが求められます。

また、相談の任務を遂行するにあたっては、社会的能力として公平性、責任能力、倫理に関する知識も重要な知識・能力として挙げられます。こうした知識を持っていることで、社会の一員として相談員の業務を遂行することができるでしょう。

さらに、OJT（On the job training）も重要です。相談員としての実際の経験を積みながら、その経験の中から学んでいく力は大切だといえます。杉澤（2013）は、「外国人支援に関する力量は経験の中で培われる」とし、「実践的力量を形成する必要がある」と述べています。杉澤の述べるように、経験の中で実践的力量が培われるということができるでしょう。

2　異文化間の相談に必要な資質・能力

これは、「バイリンガル相談員」に特に必要な資質・能力です。まず、「文化差について説明する力」が挙げられます。例えば、医療の分野の相談員の場合は、医療の文化差について相談者に説明する力が必要となります。日本と母国の医療の文化差を相談者や医療関係者に説明することで、さまざまな誤解を防ぐことができます。バイリンガル相談員には文化差についての知識だけではなく、説明していく力が必要となるのです。説明していくためには、双方の文化の共通点、相違点を整理することも重要となるでしょう。こうした共通点、相違点について説明する際には、ある部分だけを強調し大げさに述べたりせず、事実をしっかり伝えるとともに、共通点・相違点の包括的な視点に立って説明することが必要でしょう。

また、「文化的感受性」も挙げられます。文化差に関する感受性を高

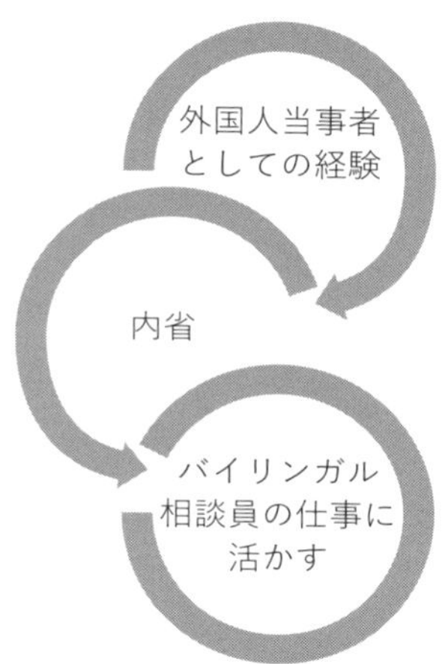

図10-4　当事者としての経験を活かす

めることで、異文化間の相違からくるトラブルへの対処法を養うことが可能となります。バイリンガル相談員の場合、自分自身が異文化に接触しているという経験を持っています。こうした経験が文化的感受性を高めることにつながっているといえるでしょう。また、「日本人コーワーカーとの協働」も挙げられます。協働によって初めて解決することも多いでしょう。すべてを一人で抱えず協働しながら進めていく力は相談員の仕事を進める上で重要な資質・能力の一つといえます。「自らの外国人当事者としての経験を活かす力」も挙げられます。自分自身が外国人当事者として経験したさまざまなことを内省し、ふりかえりながら、相談の場に活かしていく力です（図10-4）。この力もバイリンガル相談員ならではの資質・能力といえます。

3　個々の専門領域で必要な資質・能力

バイリンガル相談員のそれぞれの担当の専門領域（医療、労働、生活、学校など）で必要な知識やスキルです（図10-5）。

例えば、医療関係であれば、診察の時の会話、問診票の書き方や医療用語等の知識やスキルが挙げられるでしょう。学校関係であれば、学校の行事やきまり、学習用語や持ち物に関する知識等が挙げられます。労働関係であれば、賃金不払い、労災、解雇等に関する用語の知識等が挙げられます。担当する専門領域における知識やスキルはそれぞれ学ぶ必要のある重要な資質・能力といえます。

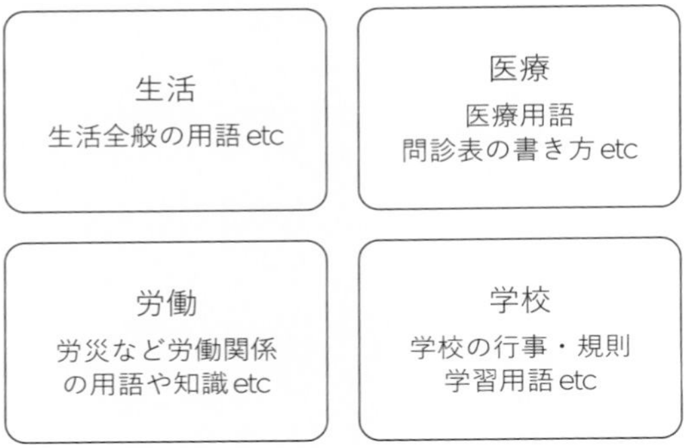

生活 生活全般の用語 etc	医療 医療用語 問診表の書き方 etc
労働 労災など労働関係の用語や知識 etc	学校 学校の行事・規則 学習用語 etc

図 10-5　個々の専門領域での知識など

以上ここでは①から③のレベルに分けて、バイリンガル相談員に必要な資質・能力育成のためのモデル構築を試みました。①は相談員の分野や対象に関わらず広く一般の相談員に共通した資質・能力です。②は異文化間のさまざまな状況に対応する資質・能力で、バイリンガル相談員特有の資質・能力といえます。言い換えれば、この資質・能力は他の日本人の相談員ではなし得ない役割や資質・能力であるともいえると思います。③は分野により異なった知識やスキルが必要となります。

10-2　バイリンガル相談員の研修のためのモデル構築

では、10-1で示したバイリンガル相談員の育成のための概念モデルをどのように研修に結びつければよいでしょうか。ここでは、10-1で示した概念モデルをもとに「バイリンガル相談員の研修のためのモデル」の構築を試みます。

まず、研修モデルを構築するにあたり、概念モデルで挙げた資質・能力について、「知識」「態度」「スキル」「実践力」に分けたいと思います。

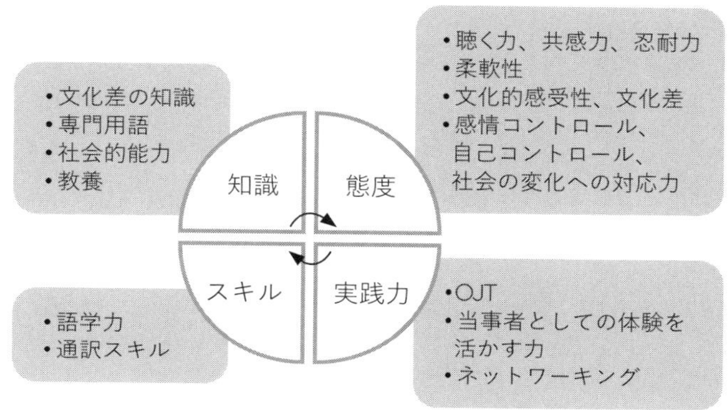

図10-6　バイリンガル相談員の研修のためのモデル（徳井 2021: 66）

まず、知識を習得するための研修で身につけるべき資質・能力については、教養（制度などの知識）、文化差についての知識、専門用語、社会的能力（公平性、倫理、責任能力）についての知識等が挙げられます。

態度を養成する研修で身につけるべき資質・能力については、聴く力、共感、忍耐力、社会の変化への対応力、柔軟性、文化差について説明する力、文化的感受性、感情のコントロール力、自己コントロール力などが挙げられます。

スキルを養成する研修で身につけるべき資質・能力については、語学力、通訳スキル、などが挙げられます。

実際に相談の仕事に関わりながら学んでいく実践力には、OJT、自らの外国人当事者としての体験を活かす力やネットワーキング力が挙げられます。

これらを図にすると図10-6のようになります。

以上ここでは、「バイリンガル相談員」に必要な資質・能力を「知識」「態度」「スキル」「実践力」の側面に分け、「バイリンガル相談員の研修のためのモデル」の構築を試みました。次章では、このモデルをもとに、具体的な研修案について考えていきたいと思います。

第10章まとめ

第10章では、バイリンガル相談員の研修のためのモデル構築として、「バイリンガル相談員に必要な資質・能力育成のための概念モデル」と「バイリンガル相談員の研修のためのモデル」構築を試みました。「バイリンガル相談員に必要な資質・能力育成のための概念モデル」は、①「相談員に共通する資質・能力」、②「異文化で対応する」という状況に必要な能力、③担当する分野の専門のスキル（医療、労働、生活、教育など）に分けてまとめました。

そして、このモデルをもとに、「知識」「態度」「スキル」「実践力」に分けた「バイリンガル相談員の研修のためのモデル」を構築しました。「知識」には「専門用語」「文化差についての知識」、「教養」など、「態度」には「聴く力」「共感」「文化的感受性」「感情のコントロール力」など、「実践力」には「OJT」「外国人当事者としての体験を活かす力」などが挙げられました。次章では、ここで挙げた「バイリンガル相談員の研修のためのモデル」をもとに、研修案を考えていきます。

第11章　研修案

バイリンガル相談員・日本人コーワーカーにとって、どのような研修が考えられるでしょうか。

具体的に、どのような研修を考えることができるでしょうか。本章では10章で示したモデルをもとに、具体的な研修案を提示したいと思います。ここでは、バイリンガル相談員を対象とした研修案だけではなく、日本人コーワーカーも対象とした研修案も提案します。

11-1　「知識」に関する研修案

まず、知識に関する研修については、講義形式・ワークショップ形式の研修が考えられます。専門用語や教養（制度やシステム）などについての講義が考えられます。バイリンガル相談員を対象とした研修では、「やさしい日本語」や母語を用いてわかりやすい説明をしていくことが求められるでしょう。

内容としては、制度やシステム、文化差についての知識、専門用語、公平性や倫理、教養などが挙げられます。

まず、制度やシステムについては、それぞれの個別の分野（医療、労働、学校等）ごとに関連した制度やシステムについて説明していくことが必要でしょう。特に制度やシステムが日本と母国で異なる場合、これらの違いについても、教える側が、理解し、わかりやすく説明していく必要があるでしょう。例えば、年金制度や、医療のシステム、就労制度、学校のシステムなどが挙げられます。これらのシステムは、社会的な状況で変化していく可能性もあるため、常に最新の情報を得ておく必要があるでしょう。

また、それぞれの分野の専門用語についても説明が必要でしょう。例えば、医療分野でいえば、「問診票」「内科」「腎臓」「処方箋」「注射」「レントゲン」といった用語や医者とのやりとりのコミュニケーションで必要なフレーズ等が挙げられます。こうした専門用語は間違うと患者の命にも関わる場合があります。それぞれの分野で頻繁に用いる専門用語については、教える側が、知識として覚え、わかりやすく説明していくことが必要です。

さまざまな文化差についても説明していく必要があるでしょう。本書でも文化差の事例として、医療システムの文化差、葬儀の方法の文化差などを挙げています。他にも、身近な生活習慣、学校生活の文化差など、さまざまな文化差があると思います。これらの文化差について、客観的な視点を入れつつ、わかりやすく説明していく力を養うことが必要です。以下では、「わかりやすく言い換える」「会話場面を使ったロールプレイの実践」の研修案を挙げます。

【わかりやすく言い換える】

1　担当の分野の専門用語を10個挙げてください。そしてグループのメンバーにそれらをわかりやすい言葉で説明してください。

2　メンバーは、日本語が不自由な外国人当事者の立場に立ち、わかりにくかった言葉や、さらにわかりやすくする方法など、意見やアイデアを出してください。

（1では、例えば、医療関係では、「問診票」が用語として挙げられます。例えば、問診票については、「病院で、医者に診てもらう前に書くものです。内容は、自分の身体の具合（ぐあい）、これまで自分がなった病気の名前、アレルギーなどです」などと書きます。）

【会話場面を使ったロールプレイの実践】

1　担当の分野での、現場でのやりとりの会話例をつくってみてください。（ここでは医療関係の例を挙げます。）

2　ペアになり、この会話例を演じてみましょう。

3　医者役、外国人患者役を演じて、それぞれの役の立場に立って感じたこと、考えたことについてペア同士で意見を共有しましょう。次に、参加者全員で意見を共有してみましょう。

4　来日したばかりで日本語が不自由な外国人患者にとって知っておいた方がよいフレーズはありますか。作成した会話例の中から、「外国人患者が覚えておくと良いフレーズ※」について、ペアで考えてみましょう。次に、参加者全員でそれぞれのペアで挙げられたフレーズを共有してみましょう。

（※例えば、以下に挙げた会話例では、「どこが痛いですか」「いつからこのような症状が出ていますか」のようなフレーズが挙げられるでしょう。）

（医療関係の場合の会話例）

医者:　　　　どこが悪いですか。
外国人患者:　おなかが痛いです。
医者:　　　　どのあたりが痛いですか。
外国人患者:　このあたりです。
医者:　　　　いつからこのような症状が出ていますか？
外国人患者:　3日前からです。

11-2　「スキル」に関する研修案

「スキル」に関する研修（語学力や通訳スキルなど）においては、講義形式＋実習が考えられます。

コミュニティ通訳のためのトレーニングについては、水野（2008）に詳しく書かれています。ここでは水野（2008）にしたがい、いくつかのポイントについて概説したいと思います。水野（2008）は、コミュニティ通訳のポイントとして、リスニングの強化、集中力・記憶力の向上、メモ取りの技術、サイト・トランスレーションの技法を挙げ、これらについて以下のように説明しています。

まず、「リスニングの強化」については、例えば、聞き間違いを減らすために、知識を増やすことや、クイックレスポンスの訓練が必要になります。クイックレスポンスは、例えば一つの単語をすぐに別の単語に訳して置き換える訓練です。

次に「集中力」については、通訳の場合短期記憶が重要で、ラギングという集中力を高める訓練をします。ラギングの訓練法は、録音した単語を再生し、一つ遅れ、二つ遅れでリピートする方法です。ラギングの目的は通訳に必要な「聞く」ことと「聞いたことを記憶に残すこと」と「訳すこと」をほとんど同時に流れるように行う能力を高めるよう、脳の働きを調整することです。ラギングをうまく行うコツは一つ一つの単語を必死になって覚えようとしないことです。

次に挙げられるのは「メモ取りの技術」です。メモ取りは全部書き取ろうとせず、聞いて理解したことを整理し、記憶に残すのを助ける意味で行うものです。メモ取りと聞き取りのバランスも重要です。記号や漢字などを駆使したり、概念のまとまりごとに線で区切ったりしてわかりやすくする方法です。

最後に挙げられるのは、「サイト・トランスレーションの技法」です。これは、与えられた原稿を目で追いながら口頭で訳していく方法です。この方法は日本語と韓国語のように言語の構造が似ている言語間の通訳の場合はあまり難しくはないですが、構造が異なる言語の場合はかなりの工夫が必要となります。サイト・トランスレーションの一般的なポイントとしては、意味のまとまりごとに訳していけるように情報単位で区切っていくセグメンテーション、主部と述部の確認、文章の中の要素同士のつながりの確認、並列情報の確認、難解な言葉のチェック等が挙げられます。（以上、水野2008より引用し、まとめた）

これらの技法は、通訳のスキルを向上させるために有効な方法といえるでしょう。

以上、水野(2008)をもとにコミュニティ通訳のためのトレーニングを紹介しました。以下では、水野（2008）を参考にメモ取りの練習例を考えてみたいと思います。

【メモ取りの練習例】

1　新聞記事などニュース記事※の中から、一つ選んでみましょう。その記事を、講師が普通のスピードで1分程度読み上げてください。他のメンバーは、それを聞きながら、メモを取ってみてください。水野（2008）の述べるように、メモ取りは、全部書き取ろうとせず、聞いて理解したことを整理し、記憶に残すのを助ける意味で行うものです。

2　参加者は、自分の取ったメモを、グループの他のメンバーと共有してください。どこが聞き取れていたのか、他のメンバーが聞き取れていたが自分が聞き取れていなかったことがあるかなどを確認してみてください。次に、この記事を理解するために重要なキーワードとして考えられるものをいくつか挙げてグループで共有してください。

3　講師は、1で使った記事のキーワードを挙げてください。

4　その後、1で扱った同じ記事をもう一度講師が読み上げてください。参加者はそれを聞きながらメモを取ってください。

5　1と４でどのように理解が異なったかについて、グループで意見を共有してください。

ここでは、1分程度読み上げる方法を取りましたが、参加者のレベル、状況に応じてこの時間は調整が必要かと思います。

※ここでは一例として新聞記事を聞き取りの題材に選びましたが、それぞれの専門に関する雑誌等や、話し言葉を題材にするなど、さまざまなものが題材となると思います。

11-3　「態度」に関する研修案

「態度」に関する研修では、ワークショップ形式等が考えられます。

1　〈傾聴〉

まず、「傾聴」については、カウンセリングにおける「応答技法」が参考になります。相手の話をどのように聴き、応答するかについて、いくつかの技法があり、バイリンガル相談員としてもこれらの技法は役に立つと考えられます。以下は「応答技法」における技法と意味です。松本（1996）から特に相談場面に必要と思われる部分を抜き出し、それぞれの技法と意味について引用します。

【応答技法における技法と意味】

「促し」の技法：傾聴していることを相手に示し、気持ちを話すことを続けるように促す短い言葉がけを指している。相槌を打ったり、「それで」といった言葉、末尾の言葉を繰り返すこと、適切な「間合い」を取るなどが挙げられる。

「反射」の技法：クライエントの「語りの底流にある情動」、つまり“今、ここで”経験されている「感情的な側面」をキャッチして、その本質的な気持ちを伝え返す技法である。「言い換え」と近い技法である。「共感」を高めるためにも重要である。

「言い換え」：クライエントが用いた「重要な言葉」または「より適切な言葉」を用いて、相手の発言内容を明確にして伝え返す方法である。「話の内容の反射」でもある。「言い換え」で大事なことは、クライエントの経験に沿った形で「言葉」にすることである。

「要約化」：相手の発言内容を整理して「重要なテーマ」や「中核的な葛藤」を簡潔に要約してフィードバックする。短い発言内容の要約は「言い換え」の技法であるが、「要約化」はより長い文脈の中で行われる。

「質問」：面接を方向づけ、展開を促し、話題の転換や探索に役立ち、焦点を浮き彫りにする。開かれた質問（自由に答えられる質問）と閉じられた質問（限定した答えを求める質問）に分けられる。「なぜ？」という質問は多用しないことが原則である。

「明確化」：まだ言葉になりきらない経験を、なじんだ経験の中に位置づけるような言葉かけであり、混乱していて、不明確な経験をより明快な形で認知できるようにする言葉かけを指す。

（以上、松本1996: 169より一部を引用した上で筆者が一部加筆した）

ここで示した技法は、バイリンガル相談員が相談にのる際にも重要な技法だといえます。以下では、松本（1996）を参考に、バイリンガル相談員と外国人相談者の会話を想定し、いくつかの会話例を具体的に考えてみたいと思います。

［促し］

外国人相談者Ａ：子どもが高校に行きたいと行っているのですが、どこの学校に進学したらいいかわからなくて。

バイリンガル相談員Ｂ：そうなんですか。

外国人相談者Ａ：子どもはＸ高校に行きたいと行っているのですが、大丈夫かわからなくて。

ここで、相談者は子どもの進学のことが不安で相談していますが、それに対して相談員は「そうなんですか」と相槌を打っています。相槌を打つことで、「あなたの話を聴いていますよ、安心して次を話してください」というメッセージを相手に伝えているといえるでしょう。相談者は安心して、もう少し詳しい内容を話し始めます。「促し」は相槌だけではなく、「それで…」と次を促す場合もありますが、相手に対して急かすような方法ではなく、ゆっくりと相手の理解のペースに合わせて行っていくことも大切です。

［反射］

外国人相談者Ａ：1年前に日本にきて、子どもは日本の学校に通っていますが、友達があまりいません。とても心配しています。

バイリンガル相談員Ｂ：お子さんが学校で友達がいなくて、心配なのですね。

外国人相談者Ａ：はい、とても心配なんです。

ここで、相談者は子どもに友達がいないことを心配して相談しています。相談員は、相談者の相談の中で「とても心配している」という「感情的な側面」を反射する形で相手に「心配なのですね」と声をかけています。相談員が相談者自身の不安な心情を伝え返しているのです。こうすることによって、相談者自身も自分の感情が改めて確認できるとともに、相談員に自分の感情を受け止めてもらえた、と安心して相談をすることができるでしょう。

［言い換え］

外国人相談者Ａ：来月隣の県に引っ越しをするので、引っ越しするために役所に行って書類を出したりする手続きが必要と思って役所に行きました。でも、どこに行って何をどうすればよいのかわからなくて困ってしまいました。

バイリンガル相談員Ｂ：引っ越しをするために、役所のどこの窓口でどのような手続きをすればいいか知りたいのですね。

ここでは、相談者は引っ越しをするための手続きをどのようにすればよいのかわからずに困って相談にきていますが、そのことについてうまく伝えられているかもわからない状態だといえます。相談員は、「手続き」というキーワードを再度使いながら相談者の悩みを確認しています。相談者は相談員の話を聞きながら自分自身の悩みについて整理し再確認できるといえるでしょう。

［要約化］

外国人相談者Ａ：急に仕事を辞めるようにいわれたので、とても不安です。なぜなのかわかりません。どうしたらいいかわかりません。心配で夜も眠れません。家族のことも心配です。今どうしたら一番いいか悩んでいます。

バイリンガル相談員Ｂ：急に仕事を辞めさせられて心配なのですね。これからどうすればいいかということで相談に来られたのですね。

外国人相談者Ａ：はい、そうです。

相談者は、相談に来る時に自分自身に起きたことに対処できず不安になっています。そのためにうまく自分の言いたいことを整理してまとまっていません。そのような時に、相談員が相談者の話した内容をまとめて要約し相手に伝えることで、相談者自身が自分の話そうとしている内容が確認できるでしょう。

［質問］

次に、「質問」の技法をみていきたいと思います。松本（1996）は、「はい」か「いいえ」でしか答えられないような質問を「閉じた質問」、そうでない質問を「開いた質問」としています。

例えば、生活の相談場面で相談者が相談に来たとしましょう。次の二つの相談員の質問のうち、どちらが答えやすいでしょうか。

ア：どうしましたか？
イ：生活していてどんな問題がありますか？

アは開いた質問です。オープンに相手に接する印象を与え、相談者は相談内容を話しやすいでしょう。一方、イの場合、閉じた質問になっています。これは、相談員が「相談者に問題がある」と一方的に決めつけて質問をしている印象を受けます。相談者は生活に問題があって相談に来たのではなく、情報を提供してもらいたいと思って相談に来たのかもしれません。このように質問の仕方一つで相談者が相談しやすいかそうでないかが異なってくるのです。

2　〈エポケー〉

以上、「応答技法」を中心に「傾聴」の方法についてみてきましたが、傾聴の方法については、「エポケー（判断留保）」の考え方も参考になります。以下では、渡辺（2002）を引用しながら、エポケーについての概要について述べます。

渡辺（2002）によると、エポケーとは、判断留保のことです。渡辺の提案する「エポケー実習」は、二人一組のペアをつくり、このうち一人が描いた絵について相手に説明し、相手はその絵について「判断を留保しながら」聴くというものです。絵について説明される人は、自分の理解を断定せずに、共感的に慎重に確かめますが、この時、質問や自分の考え、思い、判断、意見などを言わない（いったん意識の脇に置く）でおきます（渡辺2002）。渡辺は、この一連の作業を「エポケー」としています。

筆者は、渡辺（2002）のエポケーの概念にもとづいて、相談場面での会話を考えてみました。次の二つの会話例をみてみましょう。

会話例1

相談者Ａ：今、新しく住むアパートを探しているのですが、問題があって相談に来ました。

相談員Ｂ：問題があるのですね。困りましたね。外国人という理由でなかなか貸してくれないのですね。

会話例２

相談者Ａ：今、新しく住むところを探しているのですが、問題があって相談に来ました。

相談員Ｃ：そうですか。どんな問題があるのですか。

会話例1の場合、相談員は、Aさんから「住居探しで問題がある」と聞いて、「住居探しの問題＝外国人に貸してくれない場合が多い」と即座に自分の中で「判断」してしまっています。しかし、実際はAさんは「外国人という理由で貸してくれない」という内容の相談ではなく、全く別の問題が生じて相談に来ている場合があります。相談員BさんはAさんの話を詳しく聞く前に、Aさんの話の内容について決めつけてしまう「思い込み」があったのです。

しかし、会話例2では相談員Cさんは相手の話の内容を決めつけず自分の判断を保留して「どんな問題があるのですか」と相手に質問しています。Cさんは「もしかしたら外国人という理由でなかなか貸してくれないという場合もあるかもしれない。でも他の理由もあるかもしれない」と考えて判断を保留していたのです。相談者にしてみれば、判断を保留しながら話を聞いてくれる相談員Cさんの対応の方が相談しやすいといえるでしょう。相談にのる時、「早く解決したい」と思うあまりに思い込んで話を聞いてしまうのは、落とし穴といえるでしょう。エポケーを使いながら話を聴くことは、相談員のコミュニケーションにとって重要であるといえます。

3　〈共感　忍耐力　柔軟性　文化的感受性〉

これらを高める研修の一つの方法には、事例分析を用いた方法が挙げられます。事例分析は、複数の登場人物が登場する摩擦などの事例を読み、いくつかの質問を通して何が起きたのか、登場人物の気持ちや行動に対する反応などをグループで考え、意見を共有していく方法で、問題の特定や解決等を目的としています（Lacy他 1995）。登場人物に共感したり、曖昧なものに対応する寛容性や柔軟性、文化的感受性を高めるために有効な方法の一つだといえます。以下では、いくつかの事例を通して考えてみましょう。

事例1
わたしは、○○国から２年前に日本に来て住んでいます。近所の人との付き合いに少し悩んでいるので、聞いてください。近所に鈴木さんという方がいて、あいさつをよくしてくれます。半年ほど前、「旅行に行った時に買ったものです。つまらないものですが、どうぞ」と言って、おいしいお菓子を持ってきました。その時お礼を言って、うれしく受け取りました。とてもおいしかったので、家族でおいしくいただきました。でも、その後、ある日本人から「日本ではものをもらったらお返しをするのよ」と聞きました。私の国ではプレゼントをもらった後でお返しをする習慣がありません。鈴木さんに、お返しをした方がよいでしょうか。いつ、どんなものを持って行ったらよいでしょう。誰にも相談できずに悩んでいます。

Q1「わたし」はどんなことに悩んでいますか？

Q2 あなたがもし「わたし」の友人だったらどんなアドバイスを「わたし」にしますか。

Q3 あなたの住む地域で来日したばかりの外国人が戸惑うルールはありますか。

解説

贈り物の渡しかた、受け取り方、お返しをするか等、贈答には文化の違いがいくつかみられます。日本国内でも地域による違いがあります。しかし、表面的に「ルール」のように明文化されておらず、日常生活の中の「みえないルール」になっている場合もよくみられます。このような「みえないルール」に戸惑う外国人も多いと思われます。

ここでは、まず、1で「わたし」の悩みについて整理します。2では、グループのメンバーで話し合うことで、どのようなお返しの仕方があるのか、自分の経験等をもとに共有してみましょう。「半額程度のものを返す」「すぐには返さずに折をみて返す」「特に返さず、お礼を言う」など、さまざまだと思います。「わたし」にアドバイスをする場合の話しかたも考えてみましょう。3では、グループのメンバーでさまざまな例を挙げてみましょう。特に「良い」「悪い」の判断をせず、できるだけ挙げてみることが大切だとおもいます。

事例2

Ａさん：私はある会社で働いています。ある時、わたしは上司から、明日までに外部の会社のＢさんにコンタクトを取り、メッセージを伝えてほしいといわれました。Ｂさんはまだ話をしたことのない初対面の存在です。わたしは、上司のためにできるだけ早くコンタクトを取った方がよいと思いました。すぐにＢさんに電話をして上司のメッセージを伝えようと思い、Ｂさんに電話してメッセージの内容のみすぐに伝えました。ところが、Ｂさんの反応はあまりよくなく、戸惑っている様子でした。私はわかりやすく内容について説明したつもりなのですが、どうしてBさんがそのような反応をするのかわからず、困ってしまいました。

Q　Bさんはどうして戸惑った様子をしたのでしょうか。思いつく理由を考えてみましょう。

解説

ここでは、理由を自由に考えてグループで共有するという方法を取りました。実際にはいろいろな可能性があるでしょう。ここで推測される理由の一つとしては、Aさんは課題を達成することを重視した価値観であるのに対して、Bさんは人間関係を重視した価値観であることが考えられます。Aさんは用件であるメッセージの内容のみBさんに伝えますが、Bさんは、初対面のAさんから突然電話で用件を伝えられ、何のあいさつもなしにいきなり話をされたことに戸惑いを感じていたのです。Bさんは人間関係を大切にしており、相手が初対面の人の場合は丁寧にあいさつし、ある程度打ち解ける状況になってから用件を話すのが重要と考えています。このような理由も一つに挙げられるかと思います。もちろん他の場合も考えられます。グループで共有してみましょう。

4　〈感情コントロール力〉

相談を受けていると、相談者の苦しさや辛さが伝わってきて、相談員にはさまざまな感情が湧き上がってくることがあります。しかし、相談員の立場としては、感情移入し過ぎたり同情し過ぎたりすることは禁物でしょう。寄り添う気持ちを持ちつつも、自分自身の感情をコントロールしていくことが必要となります。ここでは感情をコントロールすることについて考えてみましょう。

次の会話1と2を比べてみてください。あなたが相談者Kさんだったら相談員のAさん、Bさんのそれぞれの対応についてどのように感じるでしょうか。どちらの相談員の対応が問題解決に結びつくでしょうか。感じたことを話し合ってみましょう。（実際は母語でやりとりをしているシーンを想定していますが、ここでは日本語で書きます）

会話例1

相談員Ａさん、相談者Ｋさん

Ｋ：あの相談があるんですけど…。

Ａ：どんな相談でいらしたんですか。

Ｋ：実は、家族の一人が病気になってしまって、どこに連れていったらよいかわからないんですけど。

Ａ：そうですか。それは大変ですね。外国にいて病気になると心細いですよね。

Ｋ：はい。近所の人に聞こうと思っても、それほど親しくないので聞けないのでここに連絡しました。とても不安です。

Ａ：それは不安ですね。まわりに聞く人がいなかったのですね。

Ｋ：はい。

会話例２

相談員Ｂさん、相談者Ｋさん

Ｋ：あの相談があるのですけど…。

Ｂ：どんな相談でいらしたんですか。

Ｋ：実は、家族の一人が病気になってしまって、どこに連れていったらよいかわからないんですけど。

Ｂ：そうですか。それは大変ですね。どこが痛いんですか。

Ｋ：よくわかりませんがおなかです。

Ｂ：それではまず○○病院の○○科に行ってください。連絡先は○○です。電話で予約を取る必要があります。

ここで会話例1では、Ａさんは家族が病気で連絡してきたＫさんに同情し過ぎてしまい、「外国で病気になると心細いこと」「近所の人に聞けずに不安なこと」に焦点を置いた会話になっています。Ｋさんは病気の家族をどの病院に連れていったらよいのかという相談をしているのですが、Ａさんはそれに対して答えていません。

会話例2では、ＢさんはＫさんに対して「大変ですね」と相手を気遣う言葉をかけますが、その後Ｋさんの家族の症状や病院の情報についての話題で話をしています。Bさんは相手に寄り添いながらも、Kさんの求める情報を提供しています。

ここで、会話例1のAさんは、Kさんに同情する気持ちが強過ぎて、湧き上がっていく感情をそのまま言葉にしてしまっています。感情の部分が大きくなってしまい、「Kさんが病院の情報について知りたくて来ている」というニーズを見逃してしまっています。会話例2のBさんは、相手に対する同情の気持ちはありますが、「それは大変ですね」と一言添えて、Kさんの求めている病院の情報へと話題を移しています。Bさんは感情をコントロールすることができているといえるでしょう。

Bさんのように感情をコントロールするには、「湧き上がってくる感情を、別のポケットに入れておく」というイメージが必要でしょう。そして、湧き上がる感情に左右されずに相手の言いたいことに耳を傾けていくことが大切です。

11-4　「実践力」に関する研修案

実践力の育成では、ワークショップ形式の方法が考えられます。

1　〈OJT（仕事の経験を通して学ぶ力）〉〈当事者としての体験を活かす力〉

OJTや当事者としての体験を活かす力の育成については、これまでの自身の体験をふりかえり、グループで共有する等が考えられます。自身の体験をふりかえり、どのような学びがあったのかについて省察し、それらをグループで共有していくことは重要でしょう。

ふりかえりについてはいくつかの方法があると思いますが、そのいくつかの方法について考えてみたいと思います。

実践1　バイリンガル相談員の経験を共有する

これまでバイリンガル相談員として相談にのった経験の中で以下のことについて経験や考えを共有してみましょう。（ただし個人情報の扱いは注意しながら行ってください）

1）これまでの相談の対応をしていて対応に困ったことはありましたか。
2）そのとき、どのように解決しましたか。あるいは解決できなかったことはありますか。
3）これまで相談の対応をしていて成功例はありましたか。なぜ成功したと思いますか。
4）これまで相談の対応をしていて失敗例はありましたか。どのようにすればよかったと思いますか。
5）1）から4）までを通じて、新たに学んだことはありましたか。

実践2　外国人としての生活をふりかえる

これまで外国人として生活してきた経験を共有してみましょう。（ただし、自分の話せる範囲で行ってください。）

1）これまで外国人として日本で生活していて困ったことはありましたか。その時どのように解決しましたか。あるいは解決できませんでしたか。
2）外国人として日本で生活する時、役に立った情報はありましたか。バイリンガル相談員をする上で役に立つ情報はありますか。

解説

実践1は「バイリンガル相談員の経験を共有する」、実践2は「外国人としての生活をふりかえる」ワークショップの例です。バイリンガル相談員として、外国人としての生活のふりかえりを行い、グループでこれらのふりかえりを共有していくことが目的です。こうしたワークショップで自らの経験のふりかえりを意識的に行うことは、「省察力」を高めていくことにつながると考えられます。バイリンガル相談員としての仕事には自身の仕事の経験や外国人としての生活をふりかえる「省察力」が活かされていくでしょう。

実践1、実践2とも、バイリンガル相談員のみのワークショップに向けて考えた案ですが、バイリンガル相談員と日本人コーワーカーが参加するワークショップでも行うことが可能でしょう。

方法としては、実践1も2も、お互いに話をするという方法もありますが、まず付箋にそれぞれ書き、それらを貼り付けて共有していくとい方法もあります。状況に応じてさまざまな工夫が可能でしょう。

また、ワークショップでは、参加した人たちがつながるきっかけともなり、ネットワーキングを行う場所となる可能性もあります。

2 〈日本人コーワーカー・バイリンガル相談員の協働の力を高める〉

バイリンガル相談員と日本人コーワーカーの協働の力を高めるワークショップでは、可能であれば両者が参加し、両者が入っているグループで進めていくことがよいかと思います。

いくつかの方法について考えてみたいと思います。

実践3　地域の在住外国人へのアドバイスを考える

以下はある在住外国人Aさんの悩みです。あなただったら、どのようにアドバイスしますか。

> 私は、夫の仕事がきっかけで家族と一緒にこの地域に住み始めました。来日して1年で、日本に住むのは初めてです。日本人は礼儀正しいと聞いていましたので、近所ですれ違う人にはあいさつをするようにしました。でも、あいさつをしてくれる人は少ししかいません。近所の人と仲良くしたいのですが、どう付き合ったらよいのかわかりません。地域でいろいろなイベントがあるようで参加したいと思っていますが、どのように参加したらよいかわかりません。身近で話せる日本人の知り合いがいるとうれしいですが、いなくてさびしいです。

1）あなただったらAさんにどのようにアドバイスしますか。それぞれ考えてみましょう。

2）グループで、Aさんにアドバイスしたいと考えた内容を共有してみましょう。

3）2）で共有した時に、あなたと同じ考え、あなたが考えていなかった考えはありましたか。話してみましょう。

解説

この実践には、「正解」はありません。それぞれがAさんにどのようにアドバイスしたいと考えるか、バイリンガル相談員と日本人コーワーカーの参加者の間で違いがあるかもしれません。あるいは地域や他の要因によっても違いがあるかもしれません。また同じ場合もあると思います。地域でどのようにコミュニティに参加していくのか具体的な案に差がある場合もあるでしょう。しかし、ふだんは違いがあってもそのまま言語化しない場合も多いでしょう。ここでの実践は違いを感じたことについても言語化し共有するところに意義があります。ここではこうした違いについて否定せず受け入れ意識化していくことに焦点を置いています。

実践4　バイリンガル相談員の話を聴く

バイリンガル相談員の人の話を聴きます。どのような環境で育ったのか、母国での習慣、生活、教育、医療、社会システムなども含めた母国のことについて語ってもらいます。また、日本にきてからの経験についても語ってもらいます。

日本人のコーワーカー、他のバイリンガル相談員からは、この話を聴き、どのように感じたのか、語ってもらいます。

解説

バイリンガル相談員と日本人コーワーカーは、ふだん職場で一緒にいながらも仕事の話題が主で、バイリンガル相談員がどのような個人的な体験をし、どのような環境で育ち、どのように生きてきたのかについて話す機会はあまりないかと思います。個人の経験を語ることで、一人の外国人としてどのように生きてきたのか、どのような環境で育ったのか、日本にきてからの経験について共有します。（もちろん本人が語りたいと思う範囲で語ってもらいます）

ここでは「バイリンガル相談員の話を聴く」という研修内容にしまし

たが、「外国人当事者の話を聴く」という研修内容も考えられます。

実践５　バイリンガル相談員、日本人コーワーカーとしての協働の体験をふりかえる

これまでの相談の経験の中で、日本人コーワーカー（あるいはバイリンガル相談員）と協働しながら行ったことはありますか。

1）どんな協働をしましたか。
2）やり方の違いに戸惑ったことはありましたか。
3）協働を通してどのようなことを学びましたか。
4）協働しないとできなかったことはありましたか。
5）協働のために大切なことは何ですか。

解説

この実践では、バイリンガル相談員と日本人コーワーカーとの協働についてそれぞれふりかえるという内容になっています。

2）の質問は「戸惑った」内容というややネガティブな内容なため、すぐに出てこないかもしれません。「自分が参加者と共有してよい」と思う範囲でよいでしょう。実践の最初に、「参加者が話したくないことまで無理に話さなくてよい」というルールを設けておくとよいかと思います。バイリンガル相談員と日本人コーワーカーと一緒に働いていて戸惑いを感じていても日常的には話せないことがやや客観的な形で共有できれば、お互いのやり方や考え方の違いを知る機会ともなります。

4）については、協働を通しての学び、協働でしかなし得なかったことについて聞いています。これらについてはふだんの相談の仕事では感じていても、意識的にふりかえり言語化する機会はあまりないのではないかと思います。この実践を通して、協働からの学びについて意識的にふりかえる機会になるのではないかと考えます。

5）協働のために大切なことには、態度や能力などが挙げられる可能性があります。こうしたことを参加者で一緒に考えてアイデアを共有することも、今後の仕事にとって重要でしょう。

実践を通し、日本人コーワーカーとバイリンガル相談員が「協働」を考えていく過程そのものも、一つの「協働」のプロセスといえるでしょう。

第11章のまとめ

第11章では、これまでのインタビューの分析やモデルにもとづいて、バイリンガル相談員、日本人コーワーカーを対象とした研修案を挙げました。研修案として、専門用語やシステム等を学ぶ「知識に関する研修案」、これまで開発されている通訳トレーニング等で用いているリスニングの強化などのいくつかの「スキルに関する研修案」、傾聴や文化的感受性を高めるため等の「態度に関する研修案」、日本人コーワーカーとの協働と高める等の「実践力に関する研修案」を挙げました。これらの研修案はグループあるいはペアで行うものがほとんどですが、グループやペアで活動を共有していく過程、ふりかえりも重要な意味を持ちます。また研修そのものがネットワーキングの場ともなるでしょう。なお、ここで挙げた研修案以外にも様々な研修案が案が考えられると思います。

第12章　コロナ禍における外国人相談の状況―インタビュー

2020年に世界的に拡大した「コロナ禍」は、人々の生活を大きく変えました。外国籍住民にとっても、コロナに関するさまざまな情報が正確に届いているのか、自分の健康は安全に守れるのかなど不安な状況といえます。では、コロナ禍での外国人相談の状況はどうなのでしょうか。

ここでは、元長野県多文化共生相談センターセンター長の春原直美氏と長野労働局労働基準部監督課で外国人労働者労働条件相談員をつとめているバイリンガル相談員の横谷マリア氏へのインタビューを紹介します。インタビューは2020年9月にそれぞれ対面で行いました。これまでの仕事についておよびコロナ禍での相談状況について伺いました。

12-1　春原直美さん

インタビュイー
春原直美（すのはら なおみ）氏
長野県多文化共生相談センター　センター長（インタビュー当時）／
公益財団法人長野県国際化協会副理事長（2023年現在）／
文化庁地域日本語教育アドバイザー（2023年現在）／
文化庁長官表彰（文化発信部門、2016年）
インタビュー日時　2020年9月16日

徳井　今日は、長野県多文化共生相談センターのセンター長をされている春原直美さんからお話を伺いたいと思います。今日お話しいただきたいのは、長野県多文化共生相談センターの概要、コロナ禍での相談状況、バイリンガル相談員の役割等についてです。まず、長野県多文化共生相談センターの概要についてお話を伺えればと思います。

■長野県多文化共生相談センターについて

春原　国の「外国人材の受け入れ・共生のための総合的対応策」（2019年4月）の中で、生活者としての外国人に対する支援として、行政・生活情報全般の情報提供・相談を多言語で行う一元的窓口「多文化共生総合相談ワンストップセンター」（仮称）が全国で100か所整備されることになりました。長野県では2019年10月1日に長野市の「もんぜんぷら座」に開設されました。

長野県多文化共生相談センター（以下センターと呼ぶ）では、15の言葉で話すことができます。相談は無料です。母語相談員が常駐しています。相談員は、ポルトガル語、中国語、タガログ語、タイ語、英語、インドネシア語、ベトナム語で相談対応しています。これ以外の言語は、電話で通訳センターとつなぎ、三者通話で相談に応じています。

事業としては、相談事業（日常業務）、県内の相談員研修の開催、県内での出張相談会の開催（専門家相談会）、相談マニュアルづくりを行っています。

外国人が長野県に来る背景としては、日本の事情（慢性的な人手不足、人口減少、少子高齢化）、外国人の母国の背景（政情不安定、治安の悪化、不景気、就職先がない）、外国人の事情（出稼ぎ、結婚、留学、技術の習得、生活の向上のため）などが考えられます。

■コロナ禍での相談状況

徳井　コロナ禍で相談状況はどのようになっているのでしょうか。

春原　まず、（2020年）1月下旬には、「検査したいが、どうしたらいいか」という問い合わせが中心でした。県に対応について確認したりして対応しました。無症状だと検査できないことを相手に伝えました。本人は不安にかられて相談に来ていたと思います。

2月ごろからは、正月に短期で来日し帰国できなくなった中国人からの相談が中心でした。入管に問い合わせて対応しました。手続きをすれば滞在が大丈夫ということがわかり本人は安心したと思います。

3月には、日本に留学していて日本での就職が決まったけれどその後キャンセルされた人からの相談がありました。ビザの在留資格変更の書き替えに関する相談と、アルバイトしたいがどうしたらいいかという相談がありました。解雇されたという相談もありました。求職については、ハローワーク等につなぐという形で対応しました。センターでの対応は、100パーセント解決するというよりも、解決への方向性を出すという意味があると思います。

4月には、給付金に関する相談を受けました。このときは、給付金が具体的にまだ決まらないうちに、「外国人ももらえるのか」という質問がきました。書類の書き方や、申請に伴い提出する書類のことや窓口について教えました。

6月には生活困窮者が増加しました。7月には、社会福祉協議会から食糧支援の事業の協力要請（外国人の申請窓口）がありました。外国人からの申請が多くありました。申請書作成のアドバイスなどを行いました。母語で聞き取り日本語で申請しました。申請者は多く、生活に困っている人が多いです。時間とともにニーズが増えてきています。食べ物のことなので、宗教的なことやアレルギーに関する制限があることも含めた方がよいと思います。

コロナに関しては、この半年でニーズが時間の経過に応じて変化していきました。リーマンショックの時とは比べものにならない変化です。

■外国人が自立していくよう導くことの大切さ

徳井　バイリンガル相談員の役割などについて教えてください。

春原　入管の書類などがわからないと言ってくる相談者に相談員が対応していて、全部相談員が自分で（書類を）書いてしまおうとする時がありますが、そのような時は、相談者本人が自分自身で書けるようにするように、相談員に伝えています。相談員は、外国人相談者の「代行屋」ではありません。外国籍住民が自分でできるようにすることが大切です。外国籍住民の自立、自活が大切だと思います。外国籍住民が自立できるよう、導いていくのが相談員の役割だと思います。例えば、何か書類で申請する時など、直接（相談員が）書いて教えるのではなく、まず相談員が見本を書いて、相談者自身が理解し、自分自身で書くということが大切です。たとえると、「料理の仕方」を教えるのと同じだと思います。料理の仕方を相談員が教えるけれども、実際に料理をつくるのは相談者本人です。

相談員自身は、やりがいを感じてやっていると思います。「寄り添った支援」ができることが大切だと思います。ただ、感情を入れ過ぎないでやることも大切だと思います。

■センターを広く知ってもらうことの大切さ

徳井　センターの存在は外国籍住民にとってどうでしょうか。

春原　センターのことが、本当に困っている当事者に届いているのだろうか、と思う時があります。母語のネットワーク等を通して、センターの存在が広まるといいと思います。

■外国籍住民が孤立しないことが大切

徳井　センターのお仕事以外で、地域に在住している外国人のことで何かありましたら教えてください。

春原　地域で孤立して情報がわからないために問題を抱えていたケースがいくつかありました。以前、ある外国人が家族（外国人）が亡くなったがどうしたらいいかわからず途方にくれているという情報を地域の人が連絡し、バイリンガル相談員を通じて問題を解決したことがありました。また、外国人の家で子どもが夜中急病になり、その場にいた家族が救急車を呼ぶ方法を知らず、SOSを発信できずに途方にくれていたというケースがありました。救急車の電話番号などを知って、自分でかけられるよう習っておく必要があると思います。

徳井　本日はいろいろとお話いただきありがとうございました。このインタビューを行っているのはコロナ禍の最中ですが、リーマンショックとは比較できない大きな変化ですね。でも、それだけに地域の外国籍住民にとってセンターの役割は大きいのではないでしょうか。今後他の地域も含め、多文化共生総合相談ワンストップセンターが内容、設備ともに充実していくことを願っています。

インタビューを終えて

インタビューを行った2020年9月は、コロナ禍の最中で、コロナ禍に関する相談への対応のお話が中心になりました。誰もが予測ができない状況の中、春原さんのお話からは、外国籍住民からのニーズや相談内容も刻々と変わっていき、その都度丁寧に対応されていたことがうかがえました。外国に住んでいてコロナ禍のような不測の出来事が生じた場合、特に地域であまりつながりがない場合は、情報がなく心細く不安になります。また、活用できる制度があっても、その制度についての情報がなかったり、あるいは制度があることは知っていても言葉がわからないため理解できずに制度を活用できなかったりする場合もあります。外国人に適切な情報を提供し、複数の言語を用いながら理解を助けるセンターの存在は重要でしょう。センターは単に情報を提供したり相談にのる場だけではなく、外国籍住民にとって「安心」の場となっているのではないかと思いました。

また、バイリンガル相談員の役割として自立を促していく存在であり、サポートの方法を「料理の方法」にたとえておられたことも印象的でした。この「調理」という比喩は、じゃがいもやお肉などの材料をそろえ、調理する時に、すべて調理まで手伝ってしまうのではなく、調理法を教えておいて、あくまで自分自身が調理をするというイメージだと思います。もし、バイリンガル相談員が「調理まで」手伝ってしまうと、相談者は自分自身で「同じ料理」をまたつくることができず、相談員に頼ってしまうでしょう。しかし、「料理法」を教えてもらえれば、相談者は、次回からは自分で料理をつくることができるでしょう。

地域で孤立しがちな外国人へのサポートに関するお話では、情報へのアクセスが重要な課題であると思いました。また、「本当に困っている人のところにセンターの情報が届いているのか」というお話も印象的でした。特に外国に住んだばかりで知り合いも地域にほとんどいない段階では、さまざまな情報が必要ですが、このような時こそ相談センターや相談員にアクセスできる、あるいは情報そのものにアクセスできるとよいと思います。病気や事故など緊急の時の連絡先の情報の必要性も感じました。

お話を伺いながら、外国籍住民にとってセンターやバイリンガル相談員の存在がとても重要であることが伝わってきました。全国的にもニーズが高まっていると思います。今後バイリンガル相談員の方々のさらなる活躍と相談センターが発展していくことを願っています。

12-2　横谷マリアさん

インタビュイー

横谷マリア（よこや まりあ）氏

ブラジルに生まれ、平成4年に来日。最初は日本人の「配偶者」、現在は「永住者」の在留資格。長野労働局労働基準部監督課で外国人労働者労働条件相談員のほかハローワークでの相談、小学校での外国籍児童生徒の支援等を行っている（インタビュー当時）。

インタビュー日時　2020年9月28日

徳井　本日は、バイリンガル相談員の横谷マリアさんにいらしていただきました。本日お伺いしたいのは、バイリンガル相談員としての支援の内容、学校での支援、これまでのバイリンガル相談員の経験からのエピソード、地域におけるさまざまな活動への参加などです。ではまずバイリンガル相談員としての支援の内容からお話を伺えればと思います。

■バイリンガル相談員としての支援の内容

徳井　バイリンガル相談員としての支援の内容を教えてください。

横谷　バイリンガル相談員として、支援、相談、通訳があると思います。「支援」は、ボランティア活動など困っている時に手伝うこと等が入ると思います。「相談」は、問題を聞く、質問をする、何を解決したいか確認する、つなげることが入ると思います。通訳は、相談者（外国人）と職員（日本人）の間で通訳をすることが入ります。

支援では、これまで例えば災害の時に支援活動をしました。2019年の長野の台風の災害の時は、ボランティアで豚汁をつくったりボランティア活動に参加した方に配ったりしました。人生の中で大事な結婚、出産、教育、仕事等の時にアドバイスしたりすること等も支援だと思います。

相談に関しては、例えば労働に関する相談などに関わっています。今、労働相談を主に電話で受けています。解雇になったという相談がきますが、何を解決したいのか相談者自身もわからないことが多い。本人（相談者）はたくさん話すがどうしたらよいかわからな状況の時もあります。相談員として、説明し、問題を整理し、関係機関につなぐことをしています。現在コロナで休業手当に関する相談にも対応していますが、「休業手当」というシステムがブラジルにないため、休業手当を知らないブラジル人もいます。そのため、知らないブラジル人には「休業手当」について説明をしています。また、「雇用調整助成金」の仕組みについて勘違いをしている情報がポルトガル語で飛び交っていたりしたので、こうした誤解をしている人に説明をしています。

通訳に関しては、相談者と日本人担当者との間で通訳をしています。ハローワークでは特に通訳の仕事が多いですが、内容は求職活動や雇用保険に関することを扱っています。

■学校での支援

徳井　学校でも支援をされていますね。

横谷　小学校で外国籍児童生徒の支援を行っています。コロナの自粛期間中、小学校に行かなかったので、その間、親とポルトガル語しか話さず、日本語を忘れてしまった子どもがいます。3か月後にその子どもに会った時は、とても不安そうでした。しかし、その後は少しずつポルトガル語と日本語ができるようになりました。日本語の読む、書く、話す、聞くはできますが、ポルトガル語は話す、聞くしかできない子どももいます。親は学校に日本語ができるようになることを期待しています。子どもにとっては言語を学ぶのに動機づけを持つことがとても大切だと思います。

■これまでのバイリンガル相談員の経験からのエピソード

徳井　これまでのバイリンガル相談員の経験について何かエピソードがあったら教えてください。

横谷　ある外国人の親が、参加した入学式で黒色のネクタイをつけていてショックを受けました。日本の場合は黒のネクタイはお葬式の時にするものですが、その人はそのことを知らなかったのです。どのような時どの色のネクタイをしてよいのかについて、その親に教えたかったです。

また、学校のPTAの役員は、外国人の児童の親はやらないことが多いです。このことについて学校の先生と相談して、外国人の親が日本人の親と一緒にペアになることで、PTAの役員を経験してもらうことができました。

地域での防災訓練など、地域での活動に外国人はあまり参加しないです。特に外国人だけの家族の場合、情報が届かないことが多いです。地域の人たちから誘ったり説明したりすれば参加するようになるのではないかと思います。また、地域で「役員」があることや、何をするか知らないことが多いです。昔から住んでいる地域の人は外国人の住民の方に説明したり、誘ったり世話をすることが必要だと思います。

就職活動の面接の時に、インフォーマルな服装でサンダルをはいて行こうとしていたブラジル人がいました。ブラジルではフォーマルでない服で面接に行くことがあります。でも、日本では就職の面接ではフォーマルな服装で、面接の場面は緊張する場面であることを説明しました。面談の時に使う言葉（例えば「やる気がある」など）も教えました。バイリンガル相談員は、このことも教える必要があると思います。その後無事採用されました。

日本の「お薬手帳」はブラジルにはなく、ブラジルでは処方箋がないと強い薬や制限のある薬が買えないです。日本で、ブラジル人の人が薬局でお薬手帳を持つことをすすめられて、「強い制限のある薬を指定され、自分がそんなに悪い状態か」と誤解したケースがありました。

■地域におけるさまざまな活動への参加

徳井　横谷さんは、来日して30年になりますが、この間、相談員のお仕事以外に地域におけるさまざまな活動に参加されていますね。どんな活動に参加してこられたか、教えてもらえますか。

横谷　自治体（県や市）の外国籍児童就学の支援に関する委員会や多文

化共生に関する会議のメンバーの一員として参加してきました。また、地元の短大の非常勤講師としてポルトガル語を10年間教えたことがあります。

また、地域のローカル新聞で、異文化のさまざまな出来事や考えたことを記事にして投稿しました。他に地域のラジオ放送で、地域の情報を多言語に訳してアナウンスする仕事に携わりました。在日ブラジル人向け新聞とスカイパーフェクトTVの通信員もやっていました。

徳井　いろいろなことをされてきたんですね。イベントもされましたよね。

横谷　平成30年11月にブラジル日本移民110周年を記念するイベントを地域で行い、実行委員長をつとめました。音楽、歴史、料理など活動ごとのグループに分かれて準備しました。地域の多くの人たちが参加して、メディアでも広報を行いました。フェイスブックも活用しました。

また、地元の教会のポルトガル語のミサのコーディネーターをしたこともあります。カトリック信者のブラジル人にとって心の支えになります。また、教会内でコミュニティができます。韓国、フィリピン、ベトナムのコミュニティもあります。

地域で、外国人のお嫁さんたち（インド、コロンビア、タイ、フィリピン、中国など）と一緒にグループをつくり、出身国の家庭料理を日本人の参加者に教えるイベントを月に一回ずつ行ったこともあります。さまざまな料理を皆でつくりました。

徳井　住んでいる地域での参加は。

横谷　小学校と中学校のPTAの役員や、地域の子どもの活動を支える育成会の委員をつとめたことがあります。自分から関心を持って応募した活動もあります。

■最後にひとこと

徳井　いろいろな活動に参加されてきたのですね。最後にひとことお願いします。

横谷　ブラジル人から来た人に、長野の生活がよかったと思ってもらいたい、とアドバイスしています。その時は意識せず気づかなくても、後になって「あの時はよかった」と思ってもらいたいです。その人の人生の中に刻み込まれればと思います。また、日本語を学ぶことも大切だと思います。自分が日本に来た時、日本語の読み書きができるようになって、情報が入ってくるようになりました。そして自分のやりたい活動に参加することができるようになりました。

徳井　本日はいろいろお話いただき、ありがとうございました。バイリンガル相談員としてだけではなく、地域でもさまざまな役割や活動をしてきているのですね。また改めてバイリンガル相談員の役割が重要であることも感じました。今後のますますのご活躍を願っています。

インタビューを終えて

日本に来日して約30年となる横谷さんの、バイリンガル相談員としての仕事の内容のみならず、地域でのさまざまな活動について伺うことができました。地域での自治体の委員会の委員、イベントの企画と実行、広報や報道、学校や地域の活動への参加と、バイリンガル相談員以外にもさまざまな「顔」を持ち、さまざまな活動をしていることが伝わってきました。

バイリンガル相談員としては、現在の労働関係の相談の仕事で、コロナの影響を受け、「休業手当」や「雇用調整助成金」など、さまざまな対応をされています。ブラジルにない「休業手当」についての説明や、「雇用調整助成金」の仕組みについての誤解への説明など、丁寧に向き合って対応されています。横谷さんのようなバイリンガル相談員の存在のおかげで、地域に住むブラジル人の住民が、コロナ禍の不安的な状況の中でも安心してさまざまな制度を活用することが可能になっているといえます。また、コロナ禍で学校がお休みになっている間、日本語を忘れてしまったという話もありました。学校の再開後に日本語を忘れてしまった子どもに寄り添うサポートを行うことで、子どもは安心し日本語をふたたび学び始めることができたといえます。

さまざまなエピソードから、横谷さんが日本での生活の中での慣習やシステムの違いによる誤解のメディエータになっていることがわかります。ブラジル人として日本に住み、その中で得たさまざまな経験や、ブラジルでの生活との比較から、現在日本に住み始めたブラジル人のさまざまな誤解に気づき、その誤解を解消するメディエータになっているといえます。バイリンガル相談員にしかなし得ない支援であるといえるでしょう。

外国人の地域や学校での活動参加に関する意見も伺うことができました。バイリンガル相談員の横谷さんと学校の先生とで相談して、日本人の保護者と外国人の保護者がペアになってPTAの役員をすることが可能になったエピソードでは、「工夫をしながら」「社会参加していく」方法を一緒に考えながら生み出していったといえます。「外国人だから参加できない・役割を果たせない」と決めつけてしまうのではなく、日本人と一緒に協働することで新しい役割の在り方を模索して「外国人の親でも役割を果たせる」ことの実現につなぐことができたのです。ここで横谷さんは一人で問題を解決しようとするのではなく、日本人と一緒に問題を解決したことも重要なポイントであったと思います。双方の立場から意見を出し合い一緒に考えることによって新たなアイデアを創造できたといえます。バイリンガル相談員が周囲の日本人の方たちと協働することによって創造的な解決が可能になったケースといえるでしょう。

また、横谷さんは地域でさまざまな活動に参加してきましたが、そこからさまざまなネットワークが生まれていると思います。「自分から応募して参加した活動もある」とありましたが、主体的な参加がこうしたネットワークの多さにもつながっていると思います。

最後に「あの時はよかった」と人生の中で刻み込んでもらえたらいい、と語っていたことが印象的でした。人々が幸せに生きていくことの大切さ、そしてそのことをサポートしていくバイリンガル相談員の存在の重要性を改めて感じました。バイリンガル相談員は、地域のキーパーソンとなっているということもできるでしょう。今後さらにバイリンガル相談員のみなさんが地域のキーパーソンとして活躍していくことを願っています。

12-3　インタビューからみえてくるコロナ禍における「外国人相談場面」のコミュニケーション支援

春原氏の語りからは、コロナ禍において、外国人からの相談内容が急速に変化し、それに対応していったことがわかります。また、横谷氏の語りからは、コロナ禍での外国籍住民への対応の様子がうかがえます。以下では、二人のインタビューから「コロナ禍における外国人相談場面のコミュニケーション支援」について考えてみたいと思います。ここでは二人のインタビューを考察しますが、他にもさまざまなケースがみられると思います。共通する部分もみられるのではないかと考えています。

春原氏の語りからは、コロナ禍において相談内容が刻々と変化し、それに対応していった様子がわかります。この語りから、コロナ禍における相談内容と対応の変化の一事例として図に示すと、図12-1のようになります。刻々と変わっていき、予測不可能な状況で、相談内容やニーズが変化していく中で、外部の機関につないだり、外部の機関からの協力を得ながら進めていることがわかります。外部の機関との連携が解決のための一つの鍵になっているといえるでしょう。

また、バイリンガル支援員である横谷氏は、「休業手当というシステムがブラジルにないため、休業手当を知らないブラジル人に説明している」と語っています。母国にはない新しいシステムの存在については、知らない外国人も多いでしょう。システムを知らないために、サービスや助

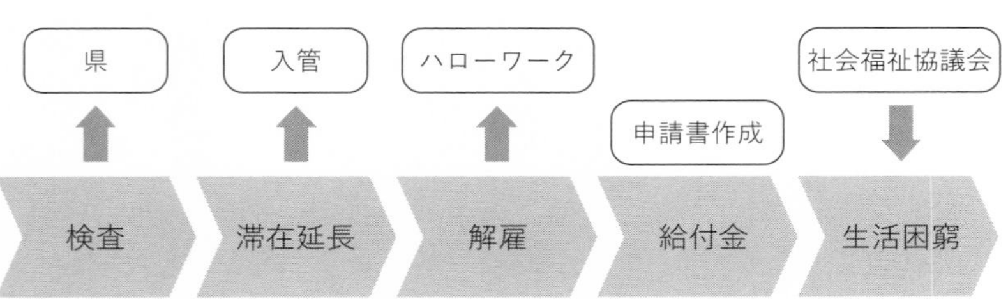

図12-1　コロナ禍における相談内容の変化と対応（徳井 2022: 276）

成を受けられないままになってしまう場合もあるといえます。横谷氏は、バイリンガル相談員としてこの新しいシステムについて説明する役割を担っているといえます。バイリンガル相談員の存在によって、社会の一員としてサービスや助成を受けることが可能になったといえます。

また、横谷氏は「雇用調整助成金の仕組みについて、（ブラジル人の間で）勘違いをしている情報が飛び交っていたので、誤解について説明をした」と語っています。外国人コミュニティに限らず、特に災害時には不安から誤った情報が流れたりする場合もあるかもしれません。そのような場合、正確な情報を伝えていくことも相談員の重要な役割といえます。

特にバイリンガル相談員の場合、外国人コミュニティ内において母語で共有される情報をキャッチすることが可能です。誤った情報が流されていた場合、正しい情報を伝えることで、コミュニティの人々は安心するでしょう。バイリンガル相談員は、情報の誤解を解消するメディエータの役割を果たしているともいえるでしょう。

では、コロナ禍での外国人相談場面でのコミュニケーション支援を行う場合に、バイリンガル相談員や日本人コーワーカーにとってどのような役割が必要か考えてみたいと思います。

［刻々と変わる状況把握］

コロナ禍においては、刻々と変わる状況を把握していくことがまず挙げられます。緊急時は不安な心理状況になりますが、状況を把握するにあたっては、感情的なレベルではなく、事実を的確に把握していくことが大切と考えられます。状況を捉える際に大げさに捉えるのではなく、実際に起きている状況を捉えていくことも必要でしょう。

また、状況そのものを絶対的なものとして捉えず、より広いレベルで（例えば、自治体レベルではなく国レベルなど）捉えた上で、その地域で起きていることを相対的な視点から捉えるということが必要な場合もあるかと思います。

同時に、状況の予測も必要です。刻々と変わる状況を把握しながら、次にどのような状況になり、どのような対応が必要とされるか、予測することも大切です。

［正確な情報の収集・伝達］

正確な情報を把握することも重要です。緊急時には、不安な心理状況からSNSでデマが飛び交ったり、実際よりも誇張された情報が飛び交ったりする可能性があります。コロナのような緊急事態の中では、冷静に正確な情報を収集することが重要でしょう。

正確に情報を把握するためには、どの情報でも鵜呑みにするのではなく、「この情報は正しいのかどうか」を問い直すクリティカルな視点も重要かと思います。

情報の伝達も重要な役割です。この際注意すべきことは、正確に情報を伝えるということです。もしデマなどが飛び交っていたら、正確な情報を伝達する必要があります。

［制度や仕組みについての知識］

コロナ禍など緊急事態では、新たな制度や仕組みが設けられる場合が多いですが、これらについての正確な知識が必要となります。新たな制度の知識を得るとともに、どのように活用していくかについての方法も知る必要があります。また、こうした制度が他国の制度とどう異なるか（あるいは他国には存在しないのか）についての理解も必要でしょう。

［わかりやすい説明］

情報や制度、用語などについてわかりやすく説明をしていくことも重要といえます。特にコロナ禍のような緊急事態では、さまざまな新しい用語や制度が使われるようになります。母国に同じ制度がない場合、新たな概念としてわかりやすく説明していく能力が求められるでしょう。

［外部の関連機関と連携］

外部との関連機関の連携もさまざまな問題の解決につながります。外部の機関へ相談者をつなぐことも重要な役割の一つです。そのためには、平時から外部のさまざまな機関と連携していくことが大切でしょう。また情報を得るために外部機関とつながる関係だけではなく、外部機関からの要請に応えるという関係もあります。双方向の関係を持つことも必要でしょう。状況によっては外部の機関から支援を受ける「被支援」という役割も重要な場合があるでしょう。

［外国人当事者の現状とニーズを把握する］

特に緊急事態では外国籍住民の現状やニーズを把握することも重要となってくるでしょう。緊急時では、外国人に限らず、取り巻く状況は平時の時とは異なります。また、ニーズも異なるでしょう。しかし、外国籍住民の場合、自身を取り巻く状況が変化していることに気づかない人もいるかもしれません。また、外国籍住民にとってどのようなニーズがあるかについては、外国人当事者の声を聴くことも重要といえるでしょう。平時では予測もつかないニーズや現状がある可能性があります。さらに、外国籍住民がどの程度情報を共有しているのかについても把握する必要があるでしょう。

コロナ禍のみならず緊急時における相談場面では、平時とは異なるコミュニケーション支援が必要となってくるといえるでしょう。こうした状況においても、バイリンガル相談員と日本人コーワーカーは重要な役割を果たしているといえます。

第13章　まとめと提言

バイリンガル相談員は、地域に住む外国籍住民にとって重要な役割を果たしているにもかかわらず、その存在にはこれまであまり光があてられてきませんでした。いわゆる「縁の下の力持ち」のような存在だといえます。本書は、これまであまり光があてられてこなかったバイリンガル相談員に光をあてて考察を行ったものです。

本書では、バイリンガル相談員および日本人コーワーカーへのインタビューをもとに、バイリンガル相談員がどのようにコミュニケーションをしながら支援を行っているのか、バイリンガル相談員にとって必要な資質・能力とは何かを明らかにし、研修案の提案を行いました。

バイリンガル相談員のコミュニケーションについて本書で明らかになったことは以下になります。

- バイリンガル相談員は、不安な気持ちに寄り添いつつ、表現の仕方を調整したりコミュニケーションの方法を工夫しながら支援を行っている。
- バイリンガル相談員は、母語と日本語等複数の言語を状況に応じて使い分けながら支援を行っている。
- バイリンガル相談員は、日本と母国の文化間の「橋渡し」を行いながら支援を行っている。
- バイリンガル相談員は外国人当事者と関係機関あるいは日本人との間の「橋渡し役」を行うなど、関係構築の要の役割を果たしている。
- バイリンガル相談員は、現場で自身をさまざまに「位置づけ」ながら支援を行っている。

バイリンガル相談員が、さまざまな工夫を行い、位置づけを変化させながら相談者とコミュニケーションを行っていることや、関係構築の要として重要な役割を担っていることなどが明らかになりました。さまざまな問題を抱えている外国籍住民にとってバイリンガル相談員は重要な存在であるといえます。また、バイリンガル相談員に必要な資質・能力も分析から明らかになりました。本書ではこれらをもとに研修案をいくつか提示しています。

総務省（2006）の多文化共生の定義にある「国籍や民族の異なる人々が互いの文化的ちがいを認め合い対等な関係を築こうとしながら、地域社会の構成員として共に生きていくこと」を実現していくためには、バイリンガル相談員の存在は重要であるといえます。その意味で、バイリンガル相談員は「多文化共生社会のキーパーソン」であるといえるでしょう。

地域に住む外国人が増加しつつある現在、バイリンガル相談員はますます重要な存在になっていくと予測されます。2020年から始まったコロナ禍など予測不可能な状況の中においても、バイリンガル相談員の存在は地域に住む外国人にとって必要な存在となっています。

今後に向けて、以下では、政策レベル、組織レベル、個人レベルでいくつかの提言を行います。

政策レベルでは、まず、外国人の相談窓口の数と内容の充実が課題として挙げられます。また、こうした相談窓口の存在が外国籍住民に周知されるよう、広報も課題として挙げられます。

また、外国籍住民の抱えている問題は多岐の分野にわたるため、国の政策面においては、法務省、総務省、厚生労働省、文部科学省等や、他の関係省庁を含め省庁横断的な視点からの政策が必要だと考えます。省庁横断的な視点を取り入れることによって、より複合的な視点から問題が解決できる部分も多いのではないかと考えます。

法整備の必要性も挙げられます。水野・内藤（2015）は、コミュニティ通訳について、「情報弱者の基本的人権の保護に必要不可欠である」と述べ、「言語権」の目的について「自分の理解する言語を使用することによってさまざまな権利にアクセスする権利を得られる」ことと述べています。そしてコミュニティ通訳の最も大きな意義として、「情報弱者である外国人や移民に対してコミュニケーションを可能にすることで、基本的人権へのアクセスを保障すること」の重要性を挙げ、こうした権利の保障の議論も含めた法律論を展開しつつ法整備も進めていかなければならない、としています。

組織レベルでは、バイリンガル相談員のポジションや役割が社会、組織や制度の中で明確に位置づけられることの必要性が挙げられます。同時に、バイリンガル相談員が安定した働きやすい環境を整えていくことも重要な課題です。働きやすい環境のもとでバイリンガル相談員と相談者や関係者とのコミュニケーションはより円滑に行われるのではないかと思います。

また、地方自治体レベルだけではなくさまざまな機関における外国人支援等の委員会等意思決定の場において、バイリンガル相談員が委員等として関わっていくことも課題であるといえます。日常的に外国籍住民と接しているバイリンガル相談員は、外国籍住民のさまざまな声を社会、組織に届けることが可能です。また、これらの意思決定の場にバイリンガル相談員がメンバーとして入ることによってより多角的な視野から意思決定を行うことが可能になると考えます。組織レベルのコミュニケーションにおいてバイリンガル相談員が参画していくことは、組織全体にとっても意義があります。また、組織においては今後ICTを活用した遠隔の相談をより多く取り入れていく環境を整えると、過疎地や分散地域も含め、より多くの外国籍住民の相談にのることが可能になるといえるでしょう。

さらに、個人レベルの課題として、バイリンガル相談員の資質・能力の向上のために研修の充実が課題として挙げられます。本書ではバイリンガル相談員の「コミュニケーション」「関係性」の重要性が浮かび上がりましたが、こうした観点も含めた研修を行うことで、さらに資質・能力を向上させることができ、充実した相談が可能となると考えます。本書では、すでに行われている研修も一部参考にしながら、バイリンガル相談員および日本人コーワーカー向けのいくつかの研修案を提案しました。今後さらに研修プログラムの開発を進めていくとともに、研修の評価方法も確立していくことが課題として挙げられます。また、バイリンガル相談員だけではなく、外国籍住民の中でバイリンガル相談員に関心のある人が研修を受けることによってバイリンガル相談員が養成されていくと考えられます。さらに、バイリンガル相談員の研修を行う研修講師の育成も重要な課題として挙げられます。

以上、制度レベル、組織レベル、個人レベルからバイリンガル相談員の今後の課題について述べました。三つのレベルについて書きましたが、実際は、この三つのレベルは別個に存在するのではなく、相互に関連し合っているのではないかと考えます（図13-1）。

図13-1　三つのレベルの関連性

例えば、マクロなレベルで相談員の制度が整っていなければ、メゾレベル（組織）の中での相談員の位置づけも曖昧となり、その結果、ミクロレベル（個人のレベル）で相談員の負担が多くなったり、相談員の個人のレベルでの意見や考えが組織に反映できないままになってしまい、相談員が不安やストレスを抱え込んでしまう場合もあるのではないかと考えられます。しかし、相談員に関するさまざまな制度が整えば、組織の中で相談員の位置づけや待遇などが安定し、個人レベルで安心して仕事をすることができます。また、組織の中での位置づけが安定すれば、一人のメンバーとして発言し、個人の意見を組織に反映させていくことが可能となるでしょう。バイリンガル相談員が組織の中で一個人として発言することにより、組織内の意見が多様性に富み、組織そのものの発展にも結びつくでしょう。

このように（マクロ、メゾ、ミクロの）三つのレベルは別個に存在しているのではなく、関連し合っているといえます。今後の課題について考える際、このように三つのレベルが往還していくという視点で考えていく必要があるでしょう。

今後世界はますます複雑になり、予測しない状況も出てくるかもしれません。しかし、多文化化していく今後の社会にとってバイリンガル相談員は、「多文化共生社会のキーパーソン」であり、ますます重要な存在となっていくと考えます。

参考文献

［初出一覧］

本書の一部は、以下の論文を加筆・修正し、まとめなおしたものです。

徳井厚子（2012）「外国籍住民意見交換会にみる当事者の声とバイリンガルサポーターの役割」『信州大学教育学部研究論集』第5号, pp.211-220.　信州大学教育学部

徳井厚子（2013）「複言語サポーターの「支援についての語り」にみるアイデンティティ―ポジショニング理論から」細川英雄、鄭京姫（編）『私はどのような教育実践をめざすのか―言語教育とアイデンティティ』pp.51-72.　春風社

徳井厚子（2014）「関係構築の「橋渡し」としての複言語サポーター―インタビュー調査から」『信州大学教育学部研究論集』第7号, pp.47-57.

徳井厚子（2014）「複言語サポーターはどのように複数の言語を使用しているのか―語りからみえてくるもの」『多言語・多文化―実践と研究』vol.6, pp.24-42.　東京外国語大学多言語・多文化教育研究センター

徳井厚子（2015）「複言語サポーターの語りにみるカテゴリーの構築―相互行為分析の視点から」『リテラシーズ』16, pp.25-32.　くろしお出版

徳井厚子（2016）「外国人相談員のコミュニケーション―「関係調整」に焦点をあてて」『信州大学教育学部研究論集』第9号, pp.123-130.　信州大学教育学部

徳井厚子（2017）「複言語サポーターにとってのコンピテンシー―複言語・複文化能力との関わりを中心に」『信州大学教育学部研究論集』第10号, pp.49-57.　信州大学教育学部

徳井厚子（2017）「ウェルフェアのためのコミュニケーション支援―外国人相談員の語りから」『ヨーロッパ日本語教育』21, pp.331-336.

徳井厚子（2019）「外国人相談員に必要な資質・能力―外国人相談員の語りから見えてくるもの」『信州大学教育学部研究論集』第13号, pp.136-143.　信州大学教育学部

徳井厚子（2019）「外国籍児童就学支援事業の構築・再構築過程」『異文化間教育』49号, pp.27-43.　異文化間教育学会

徳井厚子（2020）「外国人相談員・日本人コーワーカーの語りにみる「能力」・「協働」の比較『信州大学教育学部研究論集』第14号, pp.189-196.　信州大学教育学部

徳井厚子（2021）「外国人相談員に必要な資質・能力を高める研修モデルの構築」『信大国語教育』第30号, pp.59-68.

徳井厚子（2022）「リスク時における外国人相談員のコミュニケーション支援の課題―コロナ禍の事例からみえてくるもの」『信州大学教育学部研究論集』第16号, pp.272-282.　信州大学教育学部

［参考文献］

岩田一成（2016）『読み手に伝わる公用文―〈やさしい日本語〉の視点から』大修館書店

河原俊昭（2004）「はじめに―言語サービスとは」河原俊昭・野山広（編）『自治体の言語サービス―多言語社会への扉を開く』春風社

旧東京都国際交流委員会（2018）『東京都在住外国人向け情報伝達に関するヒアリング調査報告書』（東京都多文化共生ポータルサイト）

コミュニティ通訳研究会（2013）『「相談通訳」におけるコミュニティ通訳の役割と専門性』東京外国語大学多言語・多文化教育研究センター

出入国在留管理庁ホームページ『外国人材の受入れ・共生のための総合的対応策（令和元年度改訂）』

出入国在留管理庁ホームページ『外国人材の受入れ・共生のための総合的対応策（令和２年度改訂）』

出入国在留管理庁ホームページ『令和４年末現在における在留外国人数について』

杉澤経子・関聡介・阿部裕（監修）（2015）『これだけは知っておきたい！外国人相談員の基礎知識』松柏社

杉澤経子（2013）「問題解決に寄与するコミュニティ通訳の役割と専門職養成の取り組み―「相談通訳」の観点から」『シリーズ多言語・多文化協働実践研究16【コミュニティ通訳研究会】11-12年度報告 「相談通訳」におけるコミュニティ通訳の役割と専門性』pp.12-30.　東京外国語大学多言語・多文化教育研究センター

総務省（2006）『多文化共生の推進に関する研究会報告書』

野山広（2003）「地域ネットワーキングと異文化間教育―日本語教育に焦点を当てながら」『異文化間教育』18号, pp.4-13.　異文化間教育学会

松本卓三（編）（1996）『教師のためのコミュニケーションの心理学』ナカニシヤ出版

水野真木子（2008）『コミュニティ通訳入門』大阪教育図書

水野真木子・内藤稔（2015）『コミュニティ通訳―多文化共生社会のコミュニケーション』みすず書房

文部科学省（2022）「日本語指導が必要な児童生徒の受入状況等に関する調査結果について」（令和４年10月公表、令和５年1月一部訂正）

渡辺文夫（2002）『異文化と関わる心理学』サイエンス社

Bennett, M. (1993) Towards ethnorelativism: A developmental model of intercultural sensitivity. In R. Paige. (Ed.), *Education for the intercultural experience* (pp.21-71). Yarmouth, ME: Intercultural Press.

Council of Europe (2002) *Common European Framework for Reference of Languages: Learning, teaching, assessment, 3rd printing in 2002*. Cambridge University Press.（吉島茂・大橋理枝（訳）（2004）『外国語教育 II　外国語の学習、教授、評価のためのヨーロッパ共通参照枠　追補版』朝日出版社）

Harre, R. & Langenhove, L. (2003) *Positioning Theory: Moral Contexts of Intentional Action*. Oxford: Blackwell Publishers.

Lacy, L. & Trowbridge, J. (1995) Using the case study as a training tool. *Intercultural Sourcebook: Cross-Cultural Training Metods, vol. 1.* Yarmouth: Intercultural Press INC.

Maslow, A. (1987) *Motivation and Personality. 3rd edition*. New York: HarperCollins Publishers.

あとがき

本書のテーマである「バイリンガル相談員のコミュニケーション」について研究を行おうと思ったきっかけは、これまで何度か地域の会議等や現場でバイリンガル相談員の方達とご一緒する機会があったことです。常に当事者の立場に立ち、寄り添うように支援する彼·彼女たちと出会い、「バイリンガル相談員の方達は複数の言語を駆使しながらどのようにコミュニケーションをおこなっているのだろうか」ということについて明らかにしたいと思うようになりました。

バイリンガル相談員の方たちの聞き取りを進めるにつれ、当初予想しなかった語りがみられたこともありました。例えば、バイリンガル相談員と相談者との関係を当初は「関係を構築していくもの」と捉えていましたが、あえて相手と距離をとり「関係を構築しない」ことによって相手の相談にのるという語りもみられました。常に予定調和的な関係ではなく、さまざまな状況の中で時に関係構築そのものに対してクリティカルに捉え関係性そのものも様々に変化させながら相談にのっている状況が浮かび上がってきたのです。「関係性」は単に構築していくだけではなく、より複雑な側面を備えているということを、改めて認識しました。

また、複数の言語の使用状況は、個人や状況によって異なり、融合した形で使用するなど、より複雑であることが語りからみえてきました。バイリンガル相談員は状況によって様々な工夫をしながら複数の言語を使用しつつ相談者とコミュニケーションをとっていたのです。私自身にとってこの研究を進めていくことは、自分自身を塗りかえていく作業でもあったといえます。

研究を進めながら、バイリンガル相談員の語りからは、様々な工夫をしながら相談者の話を聴いていることも浮かび上がってきました。本書で用いるコミュニケーションという言葉には「話すこと」だけではなく、「聴くこと」も含みます。バイリンガル相談員は多様な現場で、個々の状況に応じながら相談者に向き合い、コミュニケーションを行なっているといえます。

今、世界は、戦争やコロナ禍、自然災害など様々な複雑な状況となっています。このような状況の中で、多文化共生社会の実現のためにどのようなコミュニケーションが必要か追究していくことは重要な課題といえるでしょう。本書でインタビューしたバイリンガル相談員の数は限られていますが、バイリンガル相談員のコミュニケーションの在り方は、これから多文化化が進んでいく中で「一人ひとりと向き合うにはどのようにコミュニケーションしていけば良いのか」について、様々なヒントを私たちに教えてくれると思います。

バイリンガル相談員は、地域に住む外国籍住民が社会参加できるのをサポートしていく「多文化共生社会のキーパーソン」でもあるといえます。今後外国籍住民のさらなる増加が予想される中、バイリンガル相談員の方たちが今後地域でますます活躍できることを願っています。

本研究を進めるにあたり、インタビュー調査に協力してくださったバイリンガル相談員、日本人コーワーカーの方々には大変お世話になりました。ご協力いただいた方々との出会いがなければ本書は生まれませんでした。心から感謝申し上げます。また、学会等での発表でコメントをくださった方々にも感謝申し上げます。ココ出版の皆様にも大変お世話になりました。ありがとうございました。

徳井厚子　　2023年　8月

付記

本書は、以下の日本学術振興会科学研究費の成果の一部である。

基盤（C）「バイリンガルサポーターの支援における相互構築コミュニケーションに関する研究」（代表徳井厚子）、基盤（C）「複言語サポーターの複言語・複文化能力に関する研究―言語使用の実態調査を通して」（代表徳井厚子）、「外国人相談員と日本人コーワーカーの異文化間協働を促進する研修プログラムの開発研究」（代表徳井厚子）、基盤（C）「リスク時の外国人相談員に必要な資質・能力の解明と研修モデルの開発―コロナ禍の調査」（代表徳井厚子）

索引

執筆者紹介

徳井厚子（とくい　あつこ）

信州大学教育学部教授。大阪外国語大学大学院修了。
早稲田大学教育学部在学中に米国アーラム大学に留学。北京大学等で日本語教育に携わる。2008年日本語教育学会奨励賞受賞。主な著書に『改訂版多文化共生のコミュニケーション』（アルク）、『日本語教師の「衣」再考』（くろしお出版）、『対人関係構築のためのコミュニケーション入門』（共著、ひつじ書房）、『文化接触における場としてのダイナミズム』（共編、明石書店）などがある。

多文化共生社会のキーパーソン

バイリンガル相談員によるコミュニケーション支援

2023年12月26日　初版第1刷発行

著者　　徳井厚子
発行者　吉峰晃一朗・田中哲哉
発行所　株式会社ココ出版
〒162-0828
東京都新宿区袋町25-30-107
電話　03-3269-5438
ファクス　03-3269-5438
装丁・デザイン　伊藤悠
印刷・製本　　株式会社シナノパブリッシングプレス

ISBN 978-4-86676-073-5

ココ出版の書籍

日本語教育学研究 11

対話することばの市民

CEFRの思想から言語教育の未来へ

細川英雄 著　3,960円（税込）　ISBN 978-4-86676-061-2

地域での日本語活動を考える

多文化社会　葛飾からの発信

野山広・福島育子・帆足哲哉・山田泉・横山文夫 編著

2,640円（税込）　ISBN 978-4-86676-059-9

ケースで考える！

誰も教えてくれない日本語教育の現場

瀬尾匡輝・瀬尾悠希子 編著

2,640円（税込）　ISBN 978-4-86676-068-1

日本語教育に創作活動を！

詩や物語を書いて日本語を学ぶ

小松麻美 著　2,640円（税込）　ISBN 978-4-86676-072-8